宋代卷

临海市博物馆藏品大系

LINHAI MUSEUM COLLECTION SERIES
SONG DYNASTY

临海市博物馆 编著

西泠印社出版社

宋代卷

临海市博物馆藏品大系

LINHAI MUSEUM COLLECTION SERIES
SONG DYNASTY

台州置州一千四百周年系列

总 顾 问	吴华丁　蔡建军
顾　　问	赵　晟　林　敏　王啸啸
编委会主任	黄曼影　王荣杰
主　　编	陈引奭
执 行 主 编	滕雪慧
编　　辑	罗伟霞　邓　峰

宋韵风华：临海宋代文物与地方社会 （代序）

文 / 滕雪慧

临海，地处浙江东南沿海。唐高祖武德四年（621）设立台州，以临海为州治，自此临海成为台州政治、经济、文化中心所在地。五代十国时期，临海处于吴越国统治之下，社会相对安定，经济平稳发展。北宋政权统治临海一个半世纪，继续维持了稳定的社会环境，为经济文化的发展提供了良好的条件。南宋定都临安（今杭州），由于地缘关系，临海得到了前所未有的发展机遇，经济、文化得以快速提升，"幸王化密迩，风雅日奏，薰郁涵浸，遂为文物之邦"[1]，成为世家大族和文人高官向往的"浙中乐郊"。临海宋代文物是手工制造业的直接产物，反映了当时的经济发展状况，而区域地位上升、阶层结构巨变是宋代临海社会发展最显著的现象，也是理解临海宋代文物的关键视角。因此本文从上述三个方面初步梳理临海宋代文物与地方社会历史发展的关系，以便于读者欣赏、研究这些珍贵宋代遗存，并以之代序。

一

北宋立国之初，就受到辽与西夏的遏制。北方陆路受阻，使得北宋政府十分重视东南地区的经济开发，积极发展东南海上贸易。至南宋，国土进一步缩小，国家财政更加仰仗东南经济与贸易，形成"海上丝绸之路"。

在东南经济地位上升的情况下，临海作为台州的中心，其经济发展受到州、县两级官员重视。他们在临海兴水利，修筑埠堰，开垦耕地，推广水稻良种，制瓷业、造纸业、纺织业等传统手工制造业也都有了长足发展。限于保存条件，农业文化遗存较为少见，手工制造业方面最有代表性的文物遗存是梅浦窑和许墅窑的瓷器，其产品在种类、造型、釉色、纹饰等制作工艺上都达到非常高的水平，蜚声中外。梅浦窑考古项目主持人浙江省考古研究所的谢西营认为，从许墅、梅浦窑址采集的匣钵均为粗瓷质，产品质量甚至高于同时期以上林湖为中心的越窑核心区产品。

宋代临海商业也有很大发展，内外商贸兴盛。陈耆卿《嘉定赤城志·地里门·坊市》载州城有大街头市、小街头市、朝天门内市、朝天门外市等11个市场，城外乡村也有柘溪市、路口市等7个市场，呈现出"逢府日日市，逢县三六九"的盛况。临海也是重要的对外贸易港口，南宋时期曾设立市舶司的分支机构"市舶务"管理对外贸易。来临海贸易的外国商人日益增加，临海出现了为外商侨民而设的居住区通远坊，有新罗商人停船靠岸的地方新罗屿，有新罗商人客死安葬的新罗山。[2]临海商人泛海到日本、高丽经者也屡见于文献，如北宋仁宗天圣九年（1031），临海商人陈忠忠等64人从明州至高丽。[3]宝元元年（1038），商人陈惟积等147人至高丽。[4]临海宋代文物中也包含诸多商业发展的相关信息。梅浦宋代窖藏出土多达246千克的铜钱，这批货币无论出于何种原因被埋藏，都是临海商品贸易繁荣的反映。馆藏中有不少来自其他地区的宋代瓷器，如沙埠窑的青釉划花碗来自邻县黄岩，罗家坑村宋代古墓出土的龙泉青瓷划花月影梅纹碗、青瓷公道杯、青瓷粉盒等龙泉窑精品来自浙江丽水，城关后岭下馒头山出土的吉州窑玳瑁斑茶盏来自江西吉州，城南章家溪出土的南宋景德镇窑青白瓷婴戏纹碗来自江西景德镇。还有一批来自外地的宋代铜镜，如出土于城内北山的湖州铭葵边铜镜、汇溪镇黄泥坦出土的湖州石道人制葵花形铜镜皆出自湖州石家。这些外地文物大多是通过商品贸易来到临海的。临海文物也通过包括商业在内的各种渠道到达其他地方。当代陶瓷学术研究泰斗耿宝昌先生曾说："临近黄岩的临海县许墅窑产品尤其典型，过目所及的标本，有刻花、镂空工艺之香薰、盒等，

1

均胎质细密如玉，釉色青绿如翠，堪称'秘色瓷'上品。笔者据此认为该窑场不见经传，却极可能为陕西扶风县法门寺出土'秘色瓷'故乡之一。"[5]临海的瓷器还通过"海上丝绸之路"远销国外。1993年10月18日，由来自美国、英国、日本、印尼、捷克五国9位古陶瓷专家组成的ZA-11009文化艺术团，在浙江省和台州地区文物部门领导的陪同下，考察了临海市博物馆馆藏的古窑址出土瓷器标本，认为过去经常看到的菲律宾、日本等国家出土的大量中国瓷器都是临海梅浦、许墅窑烧制的产品。[6]这印证了当时临海对外贸易的兴盛。

二

建炎四年（1130），宋高宗流亡东海时曾到达台州，驻跸章安金鳌山。这是台州历史上的重要事件，带动了文人士大夫、庶民百姓大量南迁。宋李心传《建炎以来系年要录》载："四方之民，云集两浙，百倍常时。"[7]台州州城临海邻近南宋都城临安，为"浙部之要邦，丹丘之福地"，亦是南迁目的地之一。临海城关赵巷一带就是南迁皇族的聚居地。吴越国王族、大宋驸马钱景臻一支也于此时迁居临海。钱景臻携妻秦鲁国大长公主（仁宗之女，英宗之妹）随侍高宗南渡，途中不幸病逝。绍兴中，大长公主率子钱忱、钱愐、钱恺等迁居临海，其后钱端仁、钱端礼、钱笪、钱象祖等重要人物都居住在这里。临海也吸引了众多高官显宦寓居。吕颐浩于临海郭东筑"退老堂"以居，贺允中在东湖之北构小鉴湖居住，其他如范宗尹、陈与义、翟汝文、杨栋、王之望等宰辅也纷纷来居临海。同时，临海本土人物也开始以更高层次、更大影响登上国家政治舞台。陈公辅于宋钦宗时擢任右司谏，绍兴六年（1136）官吏部员外郎；陈良翰于孝宗乾道五年（1169）任兵部侍郎，迁谏议大夫；谢廓然于孝

宗淳熙八年（1181）任同知枢密院事，兼任参知政事；陈骙于光宗绍熙四年（1193）除参知政事，次年除知枢密院事；谢深甫于庆元六年（1200）拜右丞相；谢深甫孙女谢道清被册立为理宗皇后，度宗时尊为太后，恭宗时又尊为太皇太后，其侄谢堂于宋恭宗时担任知枢密院事。临海人物一时蔚为大观。

临海政治地位的提升以及与皇家的关联，使得宋代临海文物多有品级极高者。1971年临海出土的"建炎后苑造作之印"铜印有可能是建炎四年（1130）初高宗避敌海上，往返途经台州章安时，专掌制造宫廷生活所需及皇族婚娶名物的后苑造作所仓促间遗失的。[8]临海市博物馆藏大晟应钟则是徽宗朝为"隆礼作乐"制作的大晟编钟中的一枚，流落台州很可能跟高宗南渡有关。秦鲁国大长公主率子迁居临海时，携带了家族重要之物，《钱氏家乘》记载："凡累朝所赠券册、宗器、法物等件，悉以自随。"[9]馆藏公主大铜瓶、钱氏青铜鬲、"钱左相府"铜印等皆是钱氏所藏。参知政事杨栋墓出土的金带扣、金鱼袋等也都等级颇高。南宋宰相天台人贾似道收藏的赵昌《写生蛱蝶图》、崔白《寒雀图》、展子虔《游春图》等书画艺术精品原存于台州市房务抵当库，与临海关系密切。

高等级士大夫的存在使临海得以参预新兴文化潮流，突出反映在兴起于朝廷与上层士大夫的崇古思潮对临海礼器制造产生的影响上。南宋时期，台州是重要的仿古铜礼器铸造中心。南宋临安人贾所编《百宝总珍集》谓"鼎、花瓶、雀盏之属，丁角、句容及台州亦有新铸者，深绿色，多是细少回文花儿，不甚值钱"[10]，《格古要论》也说"宋句容县及台州铸者多是小雷纹花见"[11]。馆藏铜器也多是以细云雷纹为地，上饰花纹的仿古铜器。临海也有陶质礼器。朱熹将三代铜器意象推展到地方州县，作《绍熙州县释奠仪图》，为州县孔庙与书院祭器

的样本。理宗淳祐六年（1246）台州知州丁璹"按朱文公成式"制造州学祭器。祭器完成后，"由殿庭溢两庑，位各有器，陶不窳斫不镂，丽牲于碑"[12]。窳者，粗劣也。"不窳"，精品之谓也。可知如此"陶"应泛指陶瓷。"凝土为质，陶以为尊，贵本尚质而已。用于禘祫而报本反始之意寓焉。"[13]台州州学的陶瓷祭器正是受到朝廷提倡古礼的影响。

三

宋代处于中国历史上重要的转型期，社会结构发生了质的变化，"宋元时代的社会结构、官僚政治与魏晋南北朝、隋唐时期有很大不同，士族消失了，科举制度发展到宋代，科举出身的人成为官僚主要来源"[14]。大量平民中崛起的寒门士子上升到统治阶层，形成了数目巨大的平民士大夫群体。就临海来说，官私各类教育机构纷纷建立，自由讲学之风兴盛，除了州学、县学外，涌现出许多著名的书院，如上蔡、溪山、观澜等，临海成为学者名儒集聚讲学之地，朱熹、吕祖谦、陈亮、叶适等都曾来此讲学，极大地推动了临海文化的发展和繁荣。随着临海文化的整体发展，科举也取得了累累硕果。两宋临海考中进士的有218人，其中南宋193人，约占临海历代进士人数的一半，可见其时人才之盛。这个由科举而产生的士大夫群体是社会文化的引领者。

这一时期，随着商品经济和城市工商业的发展繁荣，市民阶层兴起。他们对通俗文化的需求日益旺盛，勾栏瓦舍一类的综合性娱乐文化消费场所由此而生，其中戏曲、说书、杂耍、饮茶等一应俱全。临海的市井生活也蒸蒸日上，文学家楼钥曾以"顷年登临赤城里，江绕城中万家市"描述所看到的台州府城繁华的市民生活。临海城内州署大堂以东的勾栏巷（今友兰巷）是宋代南戏的固定演出场所，也是当时临海地区娱乐服务业的中心区域。临海城

关鲤鱼山出土的北宋青瓷四系线刻人物瓶上的戏曲人物线条草率随意，结构也不甚严谨，但形象生动、栩栩如生，当为窑工的即兴之作，是杂剧表演形象在窑工头脑中的反映，直观地体现了当时戏曲娱乐的情况。

士人阶层与市民阶层是宋代社会中最有影响力的阶层，他们更关注平民的、俗世的生活，更关心人自身的价值，使宋代文化形成了平民化、世俗化、人文化的总体特性。这几乎反映在所有的文物品类中。梅浦窑瓜棱青瓷壶、划花青瓷执壶、青瓷斗笠碗，许墅窑瓜棱形瓷壶、蕉叶纹青瓷罐、刻莲瓣纹香薰炉残件、果形盖盒等皆制作精良，形态典雅，纯净的单色青釉内敛、含蓄，反映了士大夫内心对自我价值的关注。从纹饰看，梅浦、许墅窑的青瓷除了素面外，荷花、对蝶、牡丹、缠枝花草等刻划花纹饰带有自然写实的特征，比起唐代的纹饰更具有生活气息，显示出宋代审美中世俗性的一面。梅浦、许墅窑精品经常有仿金银器造型者，如许墅窑瓜棱形执壶和梅浦窑的葵口盏、盏托等，当为较高等级士人阶层所使用的器物。用陶瓷仿制材料昂贵的金银器，反映了文人士大夫阶层存在对金银器所代表的奢华世俗生活的接纳和追求。另一方面，在梅浦窑仿金银器造型的精品青瓷中已经找不到唐代仿金银器瓷器所具有的强烈域外颜色，其轻薄精致、清新典雅的风格正是在宋人理性、素雅、隽永的人文精神推动下形成的。

临海宋代仿古铜器同样也具有平民化、世俗化、人文化的特点。南宋以后，复古思潮下移，仿古铜器被运用到更广泛的领域，仿古香炉、笔架、花瓶等走入文人书斋。他们对仿古铜器的欣赏是极具个体生命体验的过程。在这种情况下，仿古铜器存在的意义主要不再是为了恢复商周礼仪，而是更多地满足文人内心的情感需求，体现了仿古铜器人文化

的特点。另一方面，仿古纹饰被应用在日用铜器中，如馆藏兽面纹方座铜灯。这说明仿古铜器已经走进百姓日常生活，也是仿古铜器平民化、世俗性的体现。

宋代临海佛、道二教的平民化、世俗化也非常显著。此时影响极盛的天台宗祖庭在天台，包括临海在内的台州是天台宗弘法的核心区域之一，天台宗的影响处于绝对优势地位。天台宗高僧对世俗生活的发展极为关注，并做出了积极而有效的反应，"传天台教者每以净土为归"，为佛教融入社会，做出了重要努力。北宋陆佃在《妙智院记》中生动描述了黄岩民众信仰佛教的情形："黄岩远邑也，以邻天台，其俗无贵贱大抵向佛。虽屠羊、履豨、牛医、马走、浆奴、酒保、洴澼之家，亦望佛刹辄式遇其象且拜也。以故学佛之徒，饰宫宇为庄严，则富者施财，惰者输力，伛者献涂，眇者效准，聋者与之磨砻。"[15] 其时，临海毗邻黄岩，介于天台、黄岩两县之间，是两地交通的必经之地。临海更近天台，亦是天台、黄岩两地民间佛教传播的通道。因此，这段叙述也可以视作临海地区佛教传播的真实写照。屠羊、履豨、牛医、马走、浆奴、酒保、洴澼之流正是市井生活的实体，为商品经济所催生，他们是信奉佛教的庞大民间群体。临海中山西塔出土的陶塑人物像以僧人、居士、供养人等俗世弟子形象为原型，佛像砖的供养人徐太也是平民百姓。这些世俗人物生活于充满市井生活气息的社会中，甚至很可能就是上述小商品生产者中的一员。中山西塔中的陶质佛菩萨造像面相端庄，眉眼低垂，神情和缓，审美风格上更加世俗化；佛像砖上的两尊佛像线条粗简概括，神情亲和直白，更符合平民百姓的心理需求。小芝镇真如寺塔地宫遗址出土的佛教文物中最重要的是崇宁三年（1104）连底座群组银佛像，同时还出土了两尊吴越国时期的佛教造像以及金耳饰、象牙镯、铜钱等。金耳饰、象牙镯表明了供养人的女性身份。当宋代男性沉浸在儒家知识传统中以寻求仕进，或寻求生命价值时，女性则更多地笃信佛教来寻求精神的归宿，从而成为寺庙的主要赞助者。这种情况也是宋代佛教平民化、世俗化的反映。七尊群组佛菩萨像呈弧形列置于铜底板之上，中间为观音菩萨，两侧分别为三尊坐佛。在七尊佛菩萨像两侧分别放置了吴越国时期的鎏金铜力士像与鎏金铜菩萨坐像。不同时代的佛菩萨像混置在一起，而观音菩萨居于中间，甚不合常理。这或许是佛教平民化、世俗化带来的功利性心理造成的：只要救苦济难，无论何方神明皆可无差别恭敬供养。

面对普通民众宗教信仰的实用性、功利性需求，道教也做出了及时反应，更多地使用具有治病除妖、祈雨求晴、厌胜驱邪等功用的符咒法术。宋代的符箓道派也因此获得了极大的发展，产生了神霄、清微、东华、天心等诸多新的符箓宗派。由北宋道教名家道士临海人张伯端开创的以心神修炼为主的内丹派在宋代影响巨大，但也受到符箓派的影响，提出了"内修外法"。馆藏宋代"李道人造"钟形铜镜于钮下齿槽内铸有"画符"的场景，其中右侧一人手持大笔挥舞，左侧为道教符箓。道教铜镜中经常出现符箓元素，只不过多以单独符箓元素出现。道教认为，符箓是道人施法过程中实现人神沟通的重要助力，铜镜中符箓元素的出现正缘于其在道教法术中的重要作用。同时，这些道教铜镜不仅仅是道士做法的工具，也在普通民众的日常生活中发挥辟邪之用。

宋代是一个经济富庶、文化繁荣、科技发达、富于理性与包容的时代。著名史学家陈寅恪曾言"华夏民族之文化，历数千载之演进，造极于赵宋之世"。宋代也是临海历史上的鼎盛时期，经济富庶，人物风流。千年时光湮没了曾经的繁华，只剩下无声的器物，犹如片言只语，断简残编，诉说着往昔的辉煌。

[1]（宋）陈耆卿纂，徐三见点校：《嘉定赤城志》卷三十七，北京：中国文史出版社，2004年，第534页。

[2] 丁伋：《堆沙集》，北京：中国社会科学出版社，2007年，第117—118页。

[3]（朝鲜李朝）金宗瑞、郑麟趾等编撰：《高丽史4》卷五，（朝鲜）太白山史库本（钞本），1613年，第19页。

[4]（朝鲜李朝）金宗瑞、郑麟趾等编撰：《高丽史4》卷六，（朝鲜）太白山史库本（钞本），1613年，第230页。

[5] 耿宝昌：《越窑"秘色瓷"琐谈》，《文博》1995年第6期。

[6] 任林豪、马曙明编著：《临海文物志》，北京：文物出版社，2005年，第597页。

[7]（宋）李心传：《建炎以来系年要录》，上海：商务印书馆，1936年，第14册第2573页。

[8] 王宣艳主编，浙江省博物馆编：《中兴纪胜：南宋风物观止》，北京：中国书店，2015年，第2页。

[9] 钱文选辑：《钱氏家乘》，上海：上海书店出版社，2014年，第229页。

[10]（宋）佚名等著，李音翰、朱学博整理校点：《百宝总珍集（外四种）》卷四，上海：上海书店出版社，2015年，第51页。

[11]（明）曹昭：《格古要论》卷六《古铜器论》，《景印文渊阁四库全书》，台北：台湾商务印书馆，1984年，第871册88页。

[12]（宋）林表民辑，徐三见点校：《赤城集》卷五，北京：中国文史出版社，2007年，第78页。

[13]（宋）礼部太常寺等：《中兴礼书》卷十《郊祀祭器》，《续修四库全书》，上海：上海古籍出版社，1995年，第822册第41页。

[14] 冯尔康：《中国古代的宗族与祠堂》，北京：商务印书馆，2013年，第51页。

[15]（宋）陈耆卿纂，徐三见点校：《嘉定赤城志》卷二十八，北京：中国文史出版社，2004年，第394页。

壹

宋代卷

铜器

临海市博物馆藏品大系

LINHAI MUSEUM COLLECTION SERIES
SONG DYNASTY

宋代／"太师钱左相府印记"铜印 // 临海市博物馆藏

稽古维新：馆藏宋代铜器概述

文 / 滕雪慧

宋朝外患不断，连年用兵，生产兵器的铜料用量较大，同时商品经济空前发达，铜钱的需求量也激增，这些都导致"铜荒"的出现。除了王安石变法期间曾短暂放开"铜禁"，政府一直对制铜业进行严格管控。铜器的生产为官府主导，只有部分寺观法器及铜镜允许民间铸造。铜镜作为百姓日用品，存世较大，将在后文详述，本部分主要对铜镜以外的馆藏铜器作初步梳理与分析。

青铜器盛行于三代，随着陶瓷、漆、金银等手工业的发展，汉晋以后，其功能由象征身份的礼器转向生活用品，不再是工艺的重点。三代古铜器也不再为人重视，至宋初士大夫所见情形，如欧阳修《集古录》中所述"散弃于山崖墟莽之间，未尝收拾"[1]。在大宋朝廷和士大夫的共同努力下，青铜器得以复兴。这得益于特殊的时代背景。赵宋结束了自唐末至五代十国的割据纷争，迫切地需要重建社会秩序，为新政权的合法性寻找依据。"礼以辨上下、定名分"，强调上下尊卑等级秩序的三代礼制进入统治阶层的视野，他们试图跨越汉唐，"稽古作新……以追三代之隆"[2]。作为三代礼制载体与社会秩序象征的青铜礼器也就成了朝廷与士大夫追仿的对象，从而在社会上形成了一股复古思潮。徽宗时期，"隆礼制乐"，直接倡导参与仿古青铜礼乐器的制作。高宗南渡以后，延续了北宋的复古思路，制作了大量仿古铜礼器。复古思潮逐渐渗透到社会生活的各个方面，仿古铜器也由庙堂之上扩

展到江湖之间，或作个人家庙祭器，或为地方孔庙府学供器，或为宗教供器，或供居家陈设赏玩。临海市博物馆所藏宋代铜器亦须在宋代三代铜器意象复兴运动潮流的大背景下予以观察。

高宗南渡时曾经过台州，驻跸章安金鳌山，之后一批文人士大夫寻踪而至。南宋定都临安后，临海的政治地位大大提高，成为辅郡，是大量士人南迁的目的地，经济与文化发展迅速，跻居全国前列。这一时期，临海出现了大批具有影响力的人物。其中宋仁宗之女、英宗之妹秦鲁国大长公主率子钱忱自绍兴迁居临海，其后人才辈出，钱端礼、钱象祖皆官至宰辅。此外，陈公辅、陈良翰、陈骙、谢深甫、谢廓然、谢堂等临海人都身居高位，更有如吕颐浩、范宗尹、王之望、杨栋等大批高官士人侨寓临海。高层文化士人的存在，使临海得以浸染时代先锋文化思潮，跻身全国主流文化方阵之列。

宋代铜器除铜镜外，以仿古铜礼器为大宗，这是由铜器在宋代复兴后所承担的主要社会功能所决定的。临海市博物馆所藏大晟应钟是徽宗朝大晟府所铸宫廷祭祀乐器大晟编钟中的一枚中型钟，仿照当时出土的春秋宋成公钟而作，钟身大量装饰细密的蟠虺纹，繁富细致，工艺精良，具有春秋编钟的特点。"惟太祖有天下，实起睢阳，故国号大宋。是六钟既出于宋地而铭文又有宋公成，则其于受命之邦出为太平之符者，正其时欤？由是作乐之初，特诏大晟府，取是为式，遂成有宋一代之乐焉。"[3]

崇宁四年（1105），大晟乐完成，八月列奏于崇政殿，尔后由郊庙及于宴飨，并颁布到大学、辟雍。[4]"靖康之难"后，北宋宫廷重器被金人掳掠一空，大晟编钟自此流散各地。大晟应钟流入台州，很可能与高宗南渡有关。另一件北宋仿古铜器是宣和五年（1123）方鼎，腹部及足饰有云雷纹、兽面纹、龙纹、蝉翼纹等仿古纹饰，与《宣和博古图》所载商小臣缶方鼎、召夫鼎、亚虎父丁鼎、册命鼎、周王伯鼎、单父乙鼎等方鼎的形制相似。北宋时期仿古铜器主要用于皇家宫廷祭祀与上层士大夫家庙祠堂祭祀。该鼎铭文除年号外不见其他信息，亦不见于记载，应不是朝廷所制，很可能是上层士大夫参与制作的家庙祭器。

馆藏仿古铜礼器公主大铜瓶与青铜鬲都与钱氏有关。据传，大铜瓶为秦鲁国大长公主带来的陪嫁品，青铜鬲则为岭外钱氏宗族捐赠的宗祠祭祀礼器。两器纹饰从上到下呈带状分布，铜鬲直口所饰龙纹及腹部云雷纹地上的波曲纹、兽面纹，与大铜瓶上的纹饰如出一辙，故而两器应为同期所造。另外，宋凤鸟纹兽面铺首衔环铜尊器型端庄，从上至下分五层纹饰带，饰有牛角兽面纹、凤鸟纹、蝉纹、蚕纹、云雷纹等。还有一件宋兽面纹贯耳瓶，器身呈委角菱形，附双贯耳，绿锈较多，从上至下五层纹饰带，饰菱形云雷纹、龟背纹、云纹、双钩变体龙纹、兽面纹、蛇纹，贯耳则以云雷纹衬底，饰凤鸟纹。一对方座铜灯台柱身及斗面上装饰龙纹、兽面纹、

蝉翼纹、云雷纹等仿古纹饰，很可能是用于祭祀的五供之器。

北宋皇祐四年（1052），台州知府马仲甫在任期间曾命浮屠可荣改做台州刻漏，而可荣"心智机巧，颇能施其术"[5]。地方官铸重要铜器，需要经过朝廷的批准，履行一系列程序。除了官铸铜器之外，台州地方私铸也很兴盛。北宋初年江浙一带铜器贸易繁荣，以致官方不得不严申铜禁，加强管理：（至道）二年（996），诏"应私铸铜器，蠹坏钱货，建康府、台、明、湖州尤甚，可专委守臣严切禁止"[6]。至南宋，台州地区的铜器铸造业兴盛，"浙东路绍兴府、温、台、明州，浙西路临安、平江、镇江府、湖、秀、常州……铸造铜器尤盛"[7]。亦有关于南宋时期台州所铸铜器具体情况的记载："鼎、花瓶、雀盏之属，丁角、句容及台州亦有新铸者，深绿色，多是细少回文花儿，不甚值钱。"[8]"宋句容县及台州铸者多是小雷纹花见。"[9] 这些情况表明南宋时期台州是仿古铜器生产的重要地区，知名度较高。馆藏这些具有三代文化意象的仿古铜器普遍以细云雷纹为地，上饰花纹，这与文献所载宋代台州所铸铜器正相符合。同时，上述馆藏铜器没有年款，质量悬殊，其中应有来自本地民间铸造的产品。《宣和博古图》曾给予云雷纹、蝉翼纹这些纹饰新的诠释，如"雷取其奋豫，云取其需泽""蝉又取其趋高洁而不沉于卑秽"，或云"取清高而不食，则著之以蝉纹；欲时动而泽物，则纹之以云雷"。《宣

和博古图》是官方制作仿古铜礼器的样本，其对三代纹饰意涵的诠释必然也会影响到民间的理解。南宋时期台州所铸铜器上的云雷纹、蝉翼纹等纹饰，作为有意的装饰，至少部分具有《宣和博古图》中所说的修德养性意涵。

北宋仿古铜礼器的复兴起源于对三代礼制的崇尚，用于祭祀的仿古铜礼器力求忠实于古代器物以获取权威性。然宋人在遵循古制的同时，又有着"勿泥于古"的思想。徽宗大观元年（1107）七月二十六日御笔："稽古之制，适今之宜，而不失先王之意，斯可矣。"[10] 可见仿古铜礼器制作之初即有"适今"的指导思想。北宋窦俨亦谓，"国朝"创制礼器"或沿或革"，要在"从理以变"的基础上"惟适其本"。[11] 南宋文化复古思潮泛化，仿古铜器也被应用到更多的领域，祭祀不再是唯一的主题。这一时期，仿古铜器忠于古物的需求降低，更多地加入了当代的创新元素。馆藏宋代仿古铜器也透露出这一点，集中体现在两个方面。一是宋元流行纹饰被直接挪用到仿古铜器上，如宋海水龙纹"富贵昌"铭残铜鼎腹部的海水纹较为写实，有浪花的表现，具有典型的宋代特征；兽面纹贯耳铜瓶口沿下方的菱形云雷纹及第二层龟背纹都是宋元时期流行的纹饰。二是仿古纹饰在本朝纹饰与审美情趣的影响下，产生了新的形态，如馆藏云雷纹铜镜上的双钩变体龙纹形态与古物上的龙纹有很大的不同，而公主大铜瓶与凤鸟纹贯耳铜壶云纹地上轻盈灵动的双钩变体龙纹已经脱离了龙纹的基本形态，更接近于宋代流行的卷草纹。

南宋时期仿古铜器进入了文人书斋。赵希鹄《洞天清录》描绘的文人理想书房是"明窗净几，罗列布置，篆香居中，佳客玉立相映，时取古人妙迹，以观鸟篆蜗书、奇峰远水，摩挲钟鼎，亲见商周"[12]。赵希鹄是浙江诸暨人，可见其时浙江文人书房已经渗透了古雅意趣。馆藏宋代铜器中也有部分文房实用具。其中连座方瓶装饰有云纹、梅花纹等，造型秀丽雅致。双龙铜笔架双龙回首相向，龙身交缠，造型颇为工巧。而南宋"呈"字刻铭山形铜笔架山峦起伏，与诸暨市博物馆所藏武氏墓出土的水晶笔架以及董嗣墓出土的石雕笔架具有相似的形制与审美意趣。还有宋三足蟾形砚滴，赵希鹄《洞天清录》"铜水滴"条载："铜性猛烈，贮水久则有毒，多脆笔毫，又滴上有孔受尘，水所以不清，故铜器不用。金银锡者尤猥俗。今所见铜犀牛、天禄、蟾蜍之属，口衔小盂者，皆古人以之贮油点灯。今误以为水滴耳，正堪作几案玩具。"[13] 可见这种蟾形砚滴本是古人用以储油之物，宋人已不解其意，误作为水滴使用。如今已不能确定哪些仿古铜器曾被置于文人案头，但馆藏这些实用文房用具也体现了充满访古意趣氛围下文人群体的审美趣味。

陆游《秋思》诗中有"临海铜灯喜夜长，蕲春笛簟怨秋凉"之句，可知当年台州临海所造铜灯为世人所爱重。宋代台州制作的铜器曾走进千家万户，成为人们生活的一部分。临海市博物馆所藏铜器正是宋代铜器发展的缩影，蕴含着时代的复古思潮和士大夫的思古幽情。

[1]（宋）欧阳修：《集古录》序，《景印文渊阁四库全书》，台北：台湾商务印书馆，1984年，第681册第3页。

[2]（宋）郑居中等：《政和五礼新仪》原序，《景印文渊阁四库全书》，台北：台湾商务印书馆，1984年，第647册第3页。

[3]（宋）王黼：《重修宣和博古图》卷二十二，《景印文渊阁四库全书》，台北：台湾商务印书馆，1984年，第840册第863页。

[4]（元）脱脱等：《宋史·志·乐四》卷一二九，北京：中华书局，1977年，第3001—3003页。

[5]（宋）林表民辑，徐三见点校：《赤城集》卷二，北京：中国文史出版社，2007年，第31页。

[6]（清）徐松：《宋会要辑稿·食货三十四》，《续修四库全书》，上海：上海古籍出版社，2002年，第782册第540页。

[7]（宋）李弥逊：《筠溪集》，《景印文渊阁四库全书》，台北：台湾商务印书馆，1984年，第1130册第613页。

[8]（宋）佚名等著，李音翰、朱学博整理点校：《百宝总珍集（外四种）》卷四，上海：上海书店出版社，2015年，第51页。

[9]（明）曹昭：《格古要论》卷六《古铜器论》，《景印文渊阁四库全书》，台北：台湾商务印书馆，1984年，第871册第88页。

[10]（宋）郑居中等：《政和五礼新仪》卷首，《景印文渊阁四库全书》，台北：台湾商务印书馆，1984年，第647册第6页。

[11]（宋）聂崇义：《三礼图集注》原序，《景印文渊阁四库全书》，台北：台湾商务印书馆，1984年，第129册第3—4页。

[12]（宋）赵希鹄等：《洞天清录》原序，《景印文渊阁四库全书》，台北：台湾商务印书馆，1984年，第871册第2页。

[13]（宋）赵希鹄等：《洞天清录》"铜水滴"条，《景印文渊阁四库全书》，台北：台湾商务印书馆，1984年，第871册第18—19页。

大晟应钟

北宋崇宁三年至四年（1104—1105）

长 18.1 厘米，宽 13.9 厘米，高 28.0 厘米

征集

　　此钟晚清时为台州黄岩路桥学人杨晨所藏，1951年由项士元征集入藏台州专区文管会（临海市博物馆前身）。

　　截面为椭圆扁形，平口。钮部为扁体透雕龙纹，龙身饰鳞纹、三角云纹、粟点纹。舞部、钟腔两面的篆带和钲部边框饰有带状蟠虺纹。枚为螺旋式半球体，三枚一组，共十二组。鼓部饰由龙首纹与卷云纹组成的翼形兽面纹。钲部一面刻"大晟"，一面刻"应钟"，均为篆书阴刻。中国古代音律"七音十二律"，七音为"宫、商、角、徵、羽、变宫、变徵"，十二律为"黄钟、大吕、太簇、夹钟、姑洗、仲吕、蕤宾、林钟、夷则、南吕、无射、应钟"，应钟为"十二律"之一。

　　大晟编钟取法当时出土的春秋时期"宋公成编钟"铸成，曾于崇宁四年（1105）在崇政殿演奏，尔后由郊庙及于宴飨，并颁布到太学、辟雍。"靖康之难"后，北宋宫廷收藏被金人掳掠一空，大晟编钟自此流散各地。大晟应钟流入台州可能与高宗南渡有关。

波曲纹龙首衔环大铜瓶

宋代
口径 18.5 厘米，底径 26.5 厘米，高 85.3 厘米
征集

　　直口微敞，宽圆唇，长颈，鼓腹，高圈足，二龙首
耳，缀有连环。瓶身自上而下有八层纹饰带，装饰龙纹、
波曲纹、蕉叶纹、兽面纹、凤鸟纹等，多以云雷纹衬底。
底有篆书"东涧"二字铭。

波曲纹索耳青铜鬲

宋代

口径 17.0 厘米，高 27.5 厘米

2019 年 9 月 21 日临海大田岭外钱氏宗族捐赠

"太师钱左相府印记"朱文橛钮铜印

宋代

边长 5.2 厘米，高 3.1 厘米

征集

　　此印于 20 世纪 50 年代初于临海西乡征藏于本馆。印为橛钮，正方形，印文为阳文篆书"太师钱左相府印记"。铸造工艺严谨，线条雍容丰润，印文笔画排迭匀满，规整有序，且富于变化。据《台州金石录》考证，其为钱象祖之物。

　　宋高宗绍兴四年（1134），宋仁宗之女、英宗之妹秦鲁国大长公主率子钱忱自绍兴迁居临海，高宗下诏赐第于州城美德坊。此后，钱氏一族在台州繁衍生息，临海也成了吴越钱氏家族的主要聚居地。钱象祖即吴越王钱俶之后，参知政事钱端礼之孙。宋宁宗开禧三年（1207）四月，入朝担任参知政事，十二月拜右丞相兼枢密使；嘉定元年（1208）十月，拜特进左丞相兼枢密使。此印不仅为研究宋代官制提供了实物依据，更是钱氏家族长盛不衰的重要见证物。

兽面纹四足铜方鼎

北宋宣和五年（1123）

长 25.6 厘米，宽 18.8 厘米，高 33.0 厘米

征集

　　长方形，直腹，直口外悬，沿有双立耳，平底，四方柱形足。四角及腹部中间均饰扉棱，腹饰龙纹，回纹地，足有蝉翼纹。腹内壁有"大宋宣和五年"篆书款。

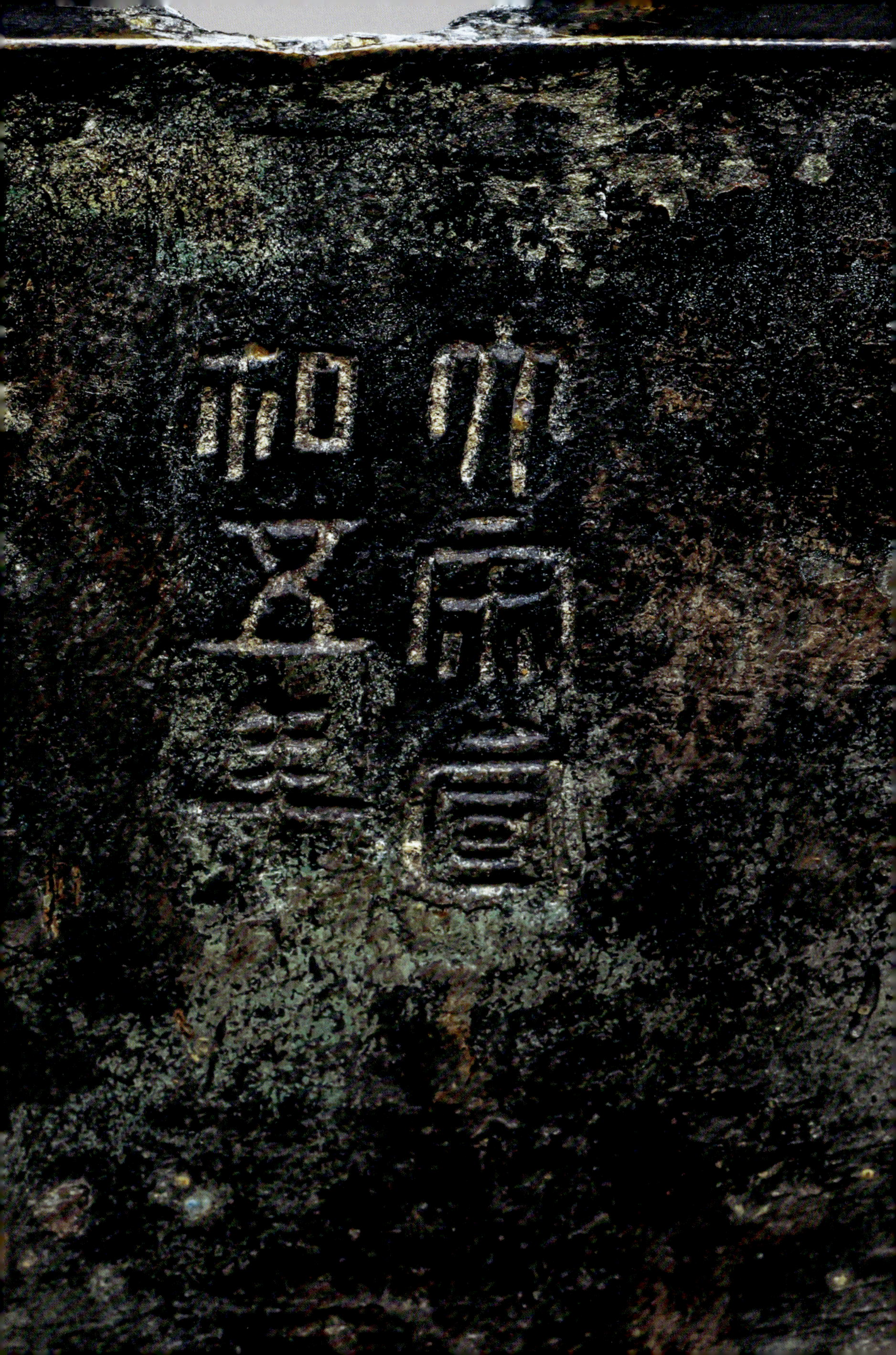

兽面纹二层方座铜烛台

宋代
长 15.5 厘米，宽 15.5 厘米，高 46.0 厘米（左）
长 15.3 厘米，宽 15.1 厘米，高 46.3 厘米（右）
征集

凤鸟纹铺首衔环铜尊

宋代

口径 13.8 厘米，底径 14.7 厘米，高 34.0 厘米

征集

兽面纹贯耳瓶

宋代

长 13.9 厘米，宽 11.2 厘米，高 24.4 厘米

1985 年 5 月 6 日小芝镇桐峙出土

兽面纹青铜铙

宋代

长 10.8 厘米，宽 7.2 厘米，高 12.5 厘米

征集

连座方瓶

宋代

长 10.4 厘米，宽 9.8 厘米，高 21.3 厘米

征集

"呈"字刻铭山形铜笔架

南宋

长 41.7 厘米，宽 3.9 厘米，高 6.3 厘米

征集

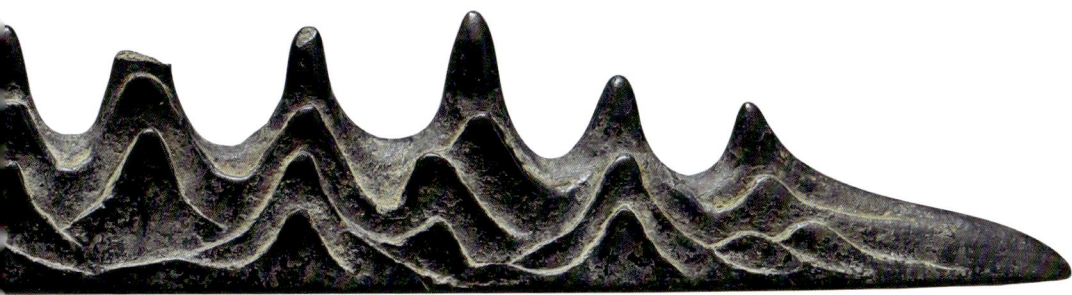

双龙铜笔架

宋代

长 17.5 厘米，宽 3.5 厘米，高 5.0 厘米

征集

三足蟾形砚滴

宋代

长 11.5 厘米，宽 6.0 厘米，高 5.9 厘米

1978 年 11 月古城街道七里村出土

海水龙纹"富贵昌"铭铜鼎（残）

宋代

口径 14.1 厘米，高 6.8 厘米

1983 年城南寺山出土

如意纹铜铲

宋代
长 21.0 厘米，宽 16.6 厘米，厚 4.2 厘米
征集

鼓形乳钉纹铜暖炉

宋代

口径 20.4 厘米，底径 19.0 厘米，高 11.0 厘米

征集

贰

铜镜

临海市博物馆藏品大系

宋代卷

LINHAI MUSEUM COLLECTION SERIES

SONG DYNASTY

宋代 / 兽面纹菱花形铜镜 // 临海市博物馆藏

世俗的映象：馆藏宋代铜镜概述

文 / 滕雪慧

　　唐代以前，铜镜基本上属于权贵豪门的日常用品，使用面不大，质量也极好。中唐以后社会向着平民化方向发展，铜镜开始出现民间化趋势。到了宋代，铜镜的平民化、商品化特征已非常显著，铜镜质量悬殊，铜镜的形制种类繁多。宋代铜镜因铅、锌含量增加，锡含量降低，多胎薄质软，出土时光亮度没有汉唐时期的高锡铜镜好，但优点是质地不脆，不易破碎，所以有专家认为这是宋代人的一种技术革新与改良。临海市博物馆所藏宋代铜镜有 80 余枚，大部分为圆形，最大的直径达 25.3 厘米，最小的直径为 5.9 厘米，也有桃形、钟形等异形镜。这批铜镜不少锈蚀严重，图案模糊不清，经过保护修复，清晰地呈现了原有面貌，为研究台州地方宋代历史文化提供了重要实物资料。通过对这批铜镜的初步梳理分析，可见其大致面貌特征。

一、简约朴实，不事雕琢

　　临海市博物馆所藏宋代铜镜多有光素无纹或仅有牌记铭文的情况，反映出简约朴实、不事雕琢的特征。梅丛笑认为素面镜是浙江宋代铜镜的主流，从北宋初期到南宋末年，素面镜的流行一直没有间断。[1] 馆藏铜镜也证实了这一点。造成这种情况的原因大致有以下几个方面：（一）宋代一直处于强敌环伺的战争阴影下，用于制造兵器的铜料需求量较大，同时空前发达的商品经济，使得铜钱的需求量大增，导致铜料紧缺。铜镜生产主要以满足实用为目的，不是工艺关注的重点。（二）宋代理性务实的时代文化精神。宋代是一个"生于忧患，长于忧患"的时代，忧患意识使社会各阶层对社会现实有着相对清醒客观的认识，统治阶层在执政理念上趋于理性务实。司马光所说"其百工在官者，亦当择人而监之，功致为上，华靡为下"[2]，目的在于制止手工业领域的华丽奢靡之风。铜镜生产无论是官造还是私铸，都在政府监管之下进行，自然也受到政府重实用、摒华靡的理性务实生产要求的影响。（三）"简淡"的时代审美风格。宋代一直在多个政权的挤压下生存，长期战乱、朝不保夕，造成宋人精神文化上的内敛，强调对自我内心宁静之美的追求，从而形成了朴素自然的简淡时代审美风格。陕西蓝田吕大临家族墓中出土有湖州铭文镜，这当然不是吕氏家族没有经济实力购买更加富丽奢华的铜镜，而是简洁朴素且质量上乘的湖州镜符合了上层士大夫的审美需求。

二、生产的商品化、市场化

临海市博物馆藏有多面湖州镜，装饰简洁，背面平素，仅铸铭文。湖州是宋代铸镜中心之一，其镜质量上好，行销全国。南宋庆元三年（1197）正月，规定"民间照子，令湖州拘籍工匠在官铸造，从人户请买"[3]。这是关于宋代官方铸镜最早的记载。馆藏"湖州铸鉴局乾道七年"铜镜后署"铸造工匠石八乙"，表明该面铜镜为湖州铸鉴局官方所造。该镜在时间上早于庆元三年的规定，表明庆元法规是对已有情况的法律申定。铸上生产者的名称应是为了便于官方回溯质量责任，以更好对铜镜生产进行监管。

馆藏更多的还是私家铸镜，其上铸有"湖州石十郎真炼铜无比照子""湖州真石家念二叔照子"等铭文。铭文中的石家是湖州铜镜的著名生产商，而"照子"即镜子，是因避讳宋太祖赵匡胤祖父赵敬之"敬"改写。镜背铸上生产者说明铜镜生产经过官方许可，以区别于违法私铸，同时也成为一种商标，起到广告标语的作用。铭文中的"真"表明石家所产铜镜有被仿冒的情况，用"真"强调了生产的正规途径，以区别于假冒产品，为产品质量背书。这种情况体现出宋代铜镜生产市场竞争的激烈。

馆藏还有一枚湖州石道人铜镜，直径 15.8 厘米，厚 0.5 厘米，铭文标记"每两一百足"，反映出当时铜镜按重量计价的情况。该枚铜镜实际重 10.5 两，需要 1050 文钱。宋代普通民间雇工每天的收入在数十文至二三百文不等[4]，该枚铜镜相当于普通雇工几天至一个月的工资，可见当时铜镜的价格还是在普通民众消费范围内的。

三、世俗化的审美特点

宋代社会结构发生了极大的变化，由中古贵族社会进入近世平民社会。随着城市工商业的发展与市民阶层的兴起，宋朝市井生活繁荣，世俗生活得到极大发展。这使得人们的社会心理及审美趣味日益世俗化，重视人本身的物质与精神需求。世俗化的审美特点也体现在铜镜上。馆藏宋代八瓣菱花形缠枝牡丹铜镜（图一）以圆钮为中心，一根枝蔓分枝回卷，形成"S"形，圆曲婉转，其上茎叶穿插交叠，牡丹花瓣纤细秀丽，整个镜面柔美灵动。李诫所著《营造法式》为宋代建

图一　临海市博物馆藏宋代八瓣菱花形缠枝牡丹铜镜

图二　《营造法式》中的牡丹花纹

图三　临海市博物馆藏宋凤鸟纹菱花形铜镜

图四　《营造法式》中的斗八图案

筑标准样本，书中有多种牡丹花纹，其中在建筑栱眼位置装饰的花篮画，花瓣边缘呈三段弧形，花瓣包裹着花芯，是牡丹盛开的姿态（图二）[5]。该镜中的花卉与此十分相似，为牡丹无疑。这体现了《营造法式》作为官方样本对包括铜镜在内的各种工艺的影响。工匠力图刻划出花瓣弯曲的边缘，反映了写实的努力。铜镜上的写实花卉显示出满足世俗审美的纯粹装饰性，与唐镜花卉纹更注重宗教意涵有很大不同。

馆藏宋凤鸟纹菱花形铜镜（图三）以钮为中心，双凤对飞，凤鸟尾羽飘逸舒展，尾羽与翅膀之间还有两只蝴蝶，其外填以缠枝花卉，外区亦是一周缠枝花卉，菱花尖内饰小卷草纹。画面中的蝴蝶增加了现实生活的气息，圆形花蕊较大，部分有清晰的菱形格子，花瓣整体上弯曲，体现出写实的努力，同样反映了满足世俗审美的特点。从形制上看，唐代菱花镜的主题纹饰皆置于内切圆形之内，不见有内切八角形，而宋代菱花镜或圆形镜则多见以内切八角形分割图案区域的做法。这种情况很可能是受到宋代建筑的影响。《营造法式》"小木作制度三"中介绍了斗八藻井与小斗八藻井两种，谓"造斗八藻井之制：共高五尺三寸。其下曰'方井'，方八尺，高一尺六寸；其中曰'八角井'，径六尺四寸，高二尺二寸；其上约'斗八'，径四尺二寸，高一尺五寸。于顶心之下施垂莲，或雕华云卷，皆内安明镜"[6]。这种抹掉方形四角的边缘而成的八角井从仰视的角度看即形成了八角形装饰平面，而《营造法式》在叙述"造殿内平棊之制"时，介绍了背版贴络的花纹，第二品为斗八（图四）[7]，第九品曰斗二十四（图五）[8]，都与铜镜中的八角形图案相似。作为同时代的工艺，且存在同一空间使用的情况，铜镜纹饰受到藻井建筑影响也是自然的，从而使得铜镜融入了现实生活的世俗化审美元素。

四、崇古潮流的融入

在宋代铜器复古思潮的影响下，铜镜生产领域也呈现出鲜明的复古特色。首先是三代铜器文化意象的呈现。临海城关出土的宋兽面纹铜镜为八瓣菱花形，圆钮两侧弦纹将镜面分成对称的两部分，图案为以云雷纹衬底的对称兽面纹。兽面纹眼、眉、角、额刻划清晰，身、足部较为省略。此种兽面纹仿古铜镜极为罕见，十分难得。

图五　《营造法式》中的斗二十四图案

图六　临海市博物馆藏葵花形仿古龙纹镜

图七　东阳市胡前山村发现的南宋墓葵瓣镜

馆藏葵花形仿古龙纹镜（图六）以云雷纹为地，上有双线勾连纹构成的变体龙纹。该镜与浙江东阳市胡前山村发现的南宋墓葵瓣镜（图七）[9]在形制和纹饰上都极为相似，表明类似的铜镜可能有一定数量。这种变体龙纹与温州博物馆所藏苍南黄石墓出土的南宋淳熙五年（1178）铜钫（图八）[10]、衢州柯城区黄家乡坑西村出土的南宋兽耳衔环铜壶（图九）[11]腹部图案也非常相似，反映出铜镜与仿古铜礼器存在纹饰上的交流。

仿汉、仿唐铜镜是复古意识的进一步扩展。馆藏仿汉铜镜主要有三种类型：（一）博局纹镜，如宋仿汉博局纹具柄铜镜，无钮，柿蒂型钮座，座外方框内环列十二乳，乳间篆书文字模糊，博局纹间的神兽图案亦模糊不清；（二）仿汉乳钉禽兽纹镜，多四乳间填以瑞兽或禽鸟；（三）仿汉八连弧铭文镜，铭文基本上无法辨认。馆藏仿唐镜主要是海兽葡萄镜，海兽简朴呆板，花鸟拙朴粗放。总体上，馆藏宋仿汉唐镜多制作粗糙，与汉唐相去甚远，纹饰只具形貌，不具精神，显示出明显的简化衰退特征。

五、异形镜的出现

南宋孝宗乾道以后，开始出现异形镜，如钟形、鼎形、瓶形、桃形、带柄镜等。[12]这是宋代铜镜比较突出的特点。一方面是合金比例的变化使得铜镜质地变软，为异形镜的出现提供了可能；另一方面铜镜走进平民社会，需要满足不同人群的需求，普通人具有的猎奇、求异心理以及从上层士大夫兴起的崇古风尚都促进了异形镜的出现。馆藏异形镜有桃形镜、钟形镜、带柄镜等。其中桃形镜均为素面，有的有铭文，可能是湖州镜。钟形镜因具有宗教内涵而显得尤为重要。其中道教钟形铜镜（图十）顶部有一矩形钮，钮下齿槽衔一绦纹环，镜背两侧有变体篆书铭文"匪鉴斯镜，以妆尔容"，中间为一长方形印章式款，铭文为"李道人造"。除了"李道人造"，还有其他姓氏的道人造铜镜，馆藏即有湖州石道人铜镜，此外还有严道人铜镜等。不过，其中有些可能不是真正的道人造镜，只是借用道人名义推销。这体现出道人制镜在社会上是有影响的。道教徒能够参与铜镜的生产制作，主要是因为道教一直以来以炼制丹药为重要的修炼途径，拥有关于冶炼的传统技术。在宋代发达的商品经济下，道教徒以特殊身份涉足铸镜业可以解决自己的生计问题，也突显了所制铜镜作为法器的功用。

馆藏另一件钟形铜镜（图十一）为弧边钮，镜背以凸线分为四区，区内各饰一长方形菱角状凸线纹，纹饰简朴。这种以凸线条将镜背分为四方格的弧边钮钟形铜镜亦颇为常见，如西安博物院所藏宋钟形方格纹铜镜[13]、辽宁省博物馆所藏宋代钟形湖州镜[14]、湖南博物院所藏宋元之际钟形袁家永用万字纹铜镜[15]等。从遗存也可以看出唐宋时期佛教寺庙的大钟为圆形钟，中部常用横凸弦纹将钟身分成上、下两部分，上下各有4个大方格，填以文字或图案，中下方有圆形撞座。可见这种钟形镜更接近佛教寺庙内实际使用的圆形钟（图十二、图十三），具有佛教意涵。馆藏还有一面钟形镜亦为弧形钮边，背面平素，唯下部有一圆形凸起，象征撞座。该镜在形制上与上述钟形铜镜接近，没有任何道教修炼元素，推测它也应是佛钟。与道教钟形镜相比，佛教钟形镜更多参照实物，较少形式上的特殊设计，这可能与佛教钟形镜主要用于信众供养，不似道教钟形镜因为法术用途需要体现具有特殊内涵的元素有关。

在平民化、世俗化社会发展的大背景下，宋代铜镜使用的社会人群大大增加，用途也空前多元，除日常照容外，亦有宗教用镜、墓葬用镜、民俗压胜辟邪用镜等。士大夫的"雅"，贩夫走卒的"俗"都被相容于小小的铜镜中，共存交融，体现出十分鲜明的时代特征，成为繁荣社会生活的折射。

图八　温州博物馆所藏苍南黄石墓出土的南宋淳熙五年（1178）铜钫

图九　衢州柯城区黄家乡坑西村出土的南宋善耳衔环铜壶

图十　临海市博物馆藏钟形铜镜

图十一　临海市博物馆藏钟形铜镜

图十二　丹阳唐中和三年（883）铜钟（江苏省文物保护单位）

图十三　北京大钟寺古钟博物馆藏
北宋熙宁十年（1077）仁王院铜钟

[1]梅丛笑：《浙江宋代铜镜的流行特征》，《东方博物》第四十辑。

[2]（宋）李焘：《续资治通鉴长编》卷一九六，《景印文渊阁四库全书》，台北：台湾商务印书馆，1984年，第317册第278页。

[3]（清）徐松辑：《宋会要辑稿·刑法二》，《续修四库全书》，上海：上海古籍出版社，2002年，第784册第402页。

[4]程民生：《宋代物价研究》，北京：人民出版社，2008年，第347—358页。

[5]（宋）李诫编修：《营造法式》，上海：商务印书馆，1933年，第7册第105页。

[6]（宋）李诫编修：《营造法式》，上海：商务印书馆，1933年，第2册第71页。

[7]（宋）李诫编修：《营造法式》，上海：商务印书馆，1933年，第6册第19页。

[8]（宋）李诫编修：《营造法式》，上海：商务印书馆，1933年，第7册第84页。

[9]赵宁：《浙江东阳市胡前村发现南宋墓》，《考古》1996年第9期。

[10]王宣艳主编，浙江省博物馆编：《中兴纪胜：南宋风物观止》，北京：中国书店，2015年，第78页。

[11]王宣艳主编，浙江省博物馆编：《中兴纪胜：南宋风物观止》，北京：中国书店，2015年，第82页。

[12]梅丛笑：《浙江宋代铜镜的流行特征》，《东方博物》第四十辑。

[13]西安市文物保护考古所：《西安文物精华铜镜》，西安：世界图书出版公司，2008年，第143页。

[14]辽宁省博物馆编：《净月澄华——辽宁省博物馆藏古代铜镜》，沈阳：辽宁大学出版社，2014年，第271页。

[15]周世荣编：《铜镜图案：湖南出土历代铜镜》，长沙：湖南美术出版社，1987年，第219页。

"湖州贞石家念二叔照子"葵花形铜镜
宋代
直径 23.1 厘米，厚 0.5 厘米
征集

葵花形素面铜镜

宋代

直径 17.7 厘米，厚 0.6 厘米

征集

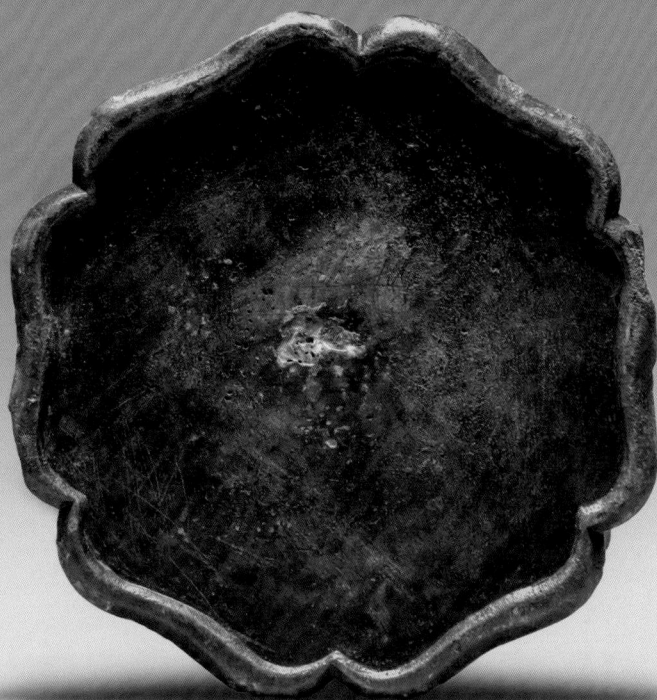

摩羯纹葵花形铜镜

宋代

直径 15.2 厘米，厚 0.4 厘米

征集

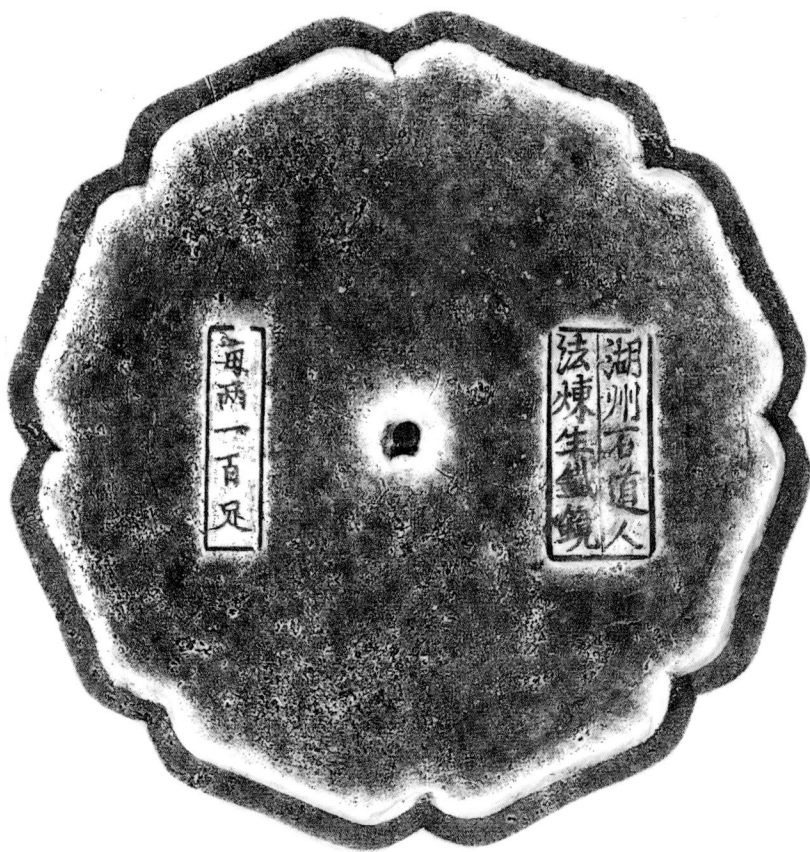

湖州石道人
法煉真錫鏡

每兩一百足

湖州石道人制葵花形铜镜

宋代

直径 15.8 厘米，厚 0.5 厘米

1984 年汇溪镇黄泥坦出土

"湖州□□□□铜照子" 铭葵花形铜镜

宋代

直径 15.5 厘米，厚 0.5 厘米

1994 年 9 月 28 日城内北山（原台州罐头厂工地）出土

葵花形铜镜

宋代

直径 16.7 厘米，厚 0.4 厘米

1994 年 9 月 28 日城内北山（原台州罐头厂工地）出土

"湖州石十郎真炼铜无比照子"铭菱花形铜镜

南宋

直径 11.7 厘米，厚 0.5 厘米

2007 年 7 月 15 日西郊留贤新堂山南宋墓出土

凤鸟纹菱花形铜镜

宋代
直径 21.6 厘米，厚 0.6 厘米
征集

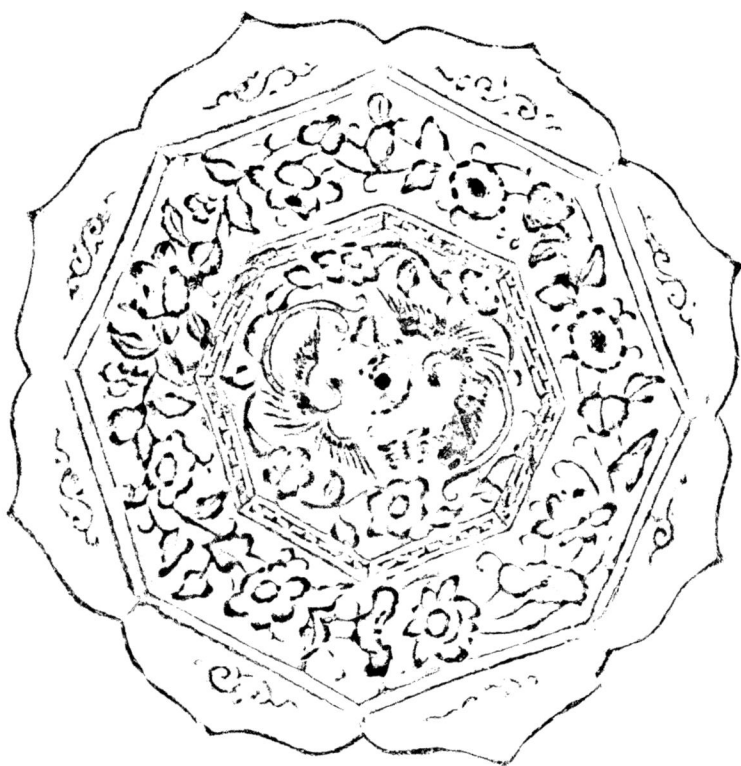

菱花形铭文铜镜

宋代
直径 20.6 厘米，厚 0.6 厘米
征集

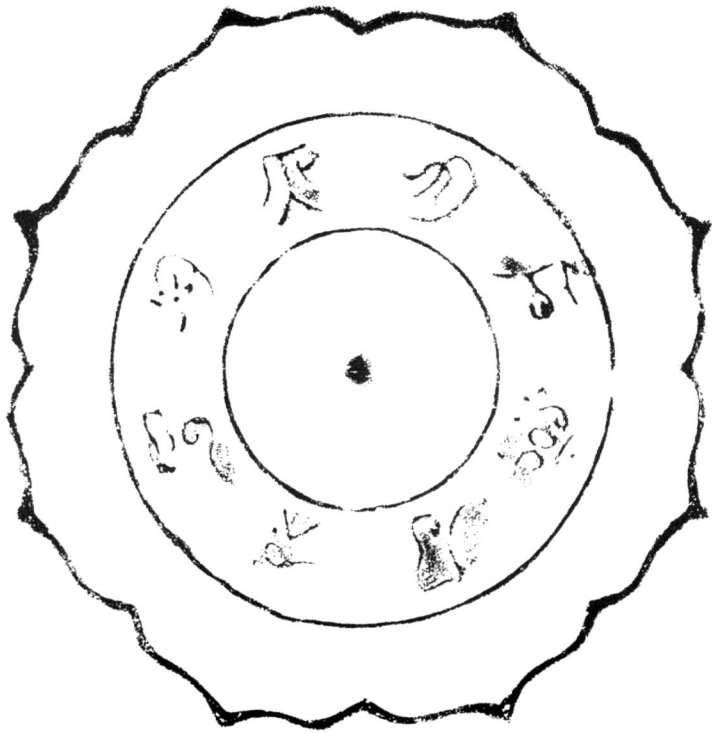

缠枝牡丹纹菱花形大铜镜

宋代

直径 25.3 厘米，厚 0.5 厘米

征集

兽面纹菱花形铜镜

宋代

直径 24.9 厘米，厚 0.9 厘米

征集

钟形铜镜

宋代

长 9.3 厘米，宽 7.2 厘米，厚 0.5 厘米

征集

钟形铜镜
宋代
长 15.1 厘米，宽 10.4 厘米，厚 0.2 厘米
征集

钟形铜镜

宋代

长 13.5 厘米，宽 10.3 厘米，厚 0.5 厘米

征集

　　顶部一矩形钮，钮下齿槽衔一绦纹环，齿槽内铸有"画符"的场景，其中右侧一人手持大笔挥舞，左侧为道教符箓。镜背两侧有变体篆书铭文"匪鉴斯镜，以妆尔容"，中间为一长方形印章式款，铭文为"李道人造"。

鑄造工匠石八乞

湖□□□鑒局
乾道七年鑄
錬銅□臣

桃形湖州铜镜

宋代

长 11.4 厘米，宽 8.7 厘米，厚 0.5 厘米

1985 年 3 月 25 日松山出土

桃形湖州铜镜

宋代

长 9.4 厘米，宽 7.7 厘米，厚 0.4 厘米

1991 年 8 月 27 日大田下安泄下村章山头宋墓出土

双鱼铜镜

宋代

直径 8.5 厘米，厚 0.4 厘米

征集

仿唐瑞兽铭文铜镜

宋代

直径24.0厘米，厚1.4厘米

征集

仿汉博局纹具柄铜镜

宋代
长 24.0 厘米，厚 0.6 厘米
1985 年 3 月 25 日松山出土

叁

陶瓷

宋代卷

临海市博物馆藏品大系

LINHAI MUSEUM COLLECTION SERIES
SONG DYNASTY

宋代 / 许墅窑蕉叶纹青瓷水盂 // 临海市博物馆藏

浴火新生：馆藏宋代陶瓷器概述

文 / 邓峰

临海市博物馆收藏宋代瓷器 96 件，包括国家一级文物 2 件，二级文物 6 件，三级文物 33 件，一般文物 55 件。其中既有临海本地生产的青瓷，也有越窑、龙泉窑、景德镇窑、吉州窑、建阳窑，以及其他地区窑场生产的瓷器。本文对馆藏宋代瓷器的特点与临海制瓷业的发展历程进行分析解读，以期让大家了解宋代社会中各类瓷器的功用与审美特色以及以梅浦窑为代表的临海制瓷业在浙江青瓷发展史上的特殊地位，同时为研究宋代临海的商贸往来、文化交流以及技术创新提供更多有价值的信息。

一、馆藏宋代瓷器概述

馆藏宋代瓷器产地主要集中在浙江、福建、江西一带，器型主要有碗、杯、盘等日用食器，盏、执壶等茶酒器，水盂、盒、炉、瓶、花盆等文房器以及造像等。馆藏宋代龙泉窑瓷器共 10 件，其中有明确出土信息的是 1972 年出土于临海城南罗家坑村一座古墓中的龙泉窑刻划月梅纹青瓷斗笠碗、青瓷公道杯与三联粉盒。这批青瓷器物釉质肥润，釉色青翠，瓷体洁净如玉，造型精妙，纹饰精美。其中青瓷斗笠碗外壁光素，内壁以写意手法剔刻一枝梅花与半勾月影，口沿处以线刻卷草纹装饰。公道杯外壁下部饰菊瓣纹，杯内中间塑有寿星，底部有孔。此公道杯注入酒水过满会因为虹吸作用而泄漏殆尽，足见古人对生命的理解与在工艺创制上的智慧。三联粉盒为一瓷质大盒，内套装三个瓷质小盒，小盒间饰有花草纹绊条。从这三件瓷器的形制分析，应为南宋后期的龙泉窑产品，具有较高的历史、科学与艺术价值。此外，南宋龙泉窑黑胎簋式炉胎体轻薄，施满釉，釉色清灰；南宋龙泉窑青瓷凤耳瓶釉面莹润，开

片呈冰裂纹，两侧贴塑凤耳，既可用作实用器花插，也可用作陈设观赏器；宋青瓷花口瓷盆器型规整，黑胎，釉色青黄，釉面开片；南宋龙泉窑青瓷小碗则胎质细腻致密，胎体薄而匀实，胎色发灰，釉面纯净，具有温润的玉质感。

馆藏三件越窑青瓷分别是 1986 年在临海花园香年乡假山下出土的北宋越窑青瓷碟与青瓷碗以及 1973 年在电焊机山官 3 号出土的青瓷碗，均为素面，胎骨较薄，施釉均匀，釉色青中泛黄，晶莹水润，表面光泽度高，具有越窑瓷器的典型特征。1990 年在临海城关后岭下馒头山出土的玳瑁斑斗笠茶盏为红褐胎，外施黑釉，釉面有白色油滴斑窑变，是典型的吉州窑瓷器。馆藏景德镇青白瓷有刻划花碗、印花双鱼碗与婴戏纹碗等，其胎质轻薄，釉色青白，有如冰似玉之感。馆藏褐彩水草纹罐与梅瓶剥釉严重近乎素烧，饰以褐彩水草纹。此类型器物在温岭大溪窑较为常见，黄岩沙埠与临海当地窑址也有发现。

另外，近年来百姓捐赠了一批于临海中津浮桥古渡口附近采集的宋元时期景德镇窑扣银瓷碟、瓷盒、福建建窑茶盏等。这批器物应为当时较为高档的器物，非普通百姓所用。扣银瓷碟釉色青白，底部斜刀浅刻花卉纹饰，口沿部扣银宽度近 1 厘米；瓷盒直径 4.7 厘米，盒盖顶部印有花卉纹饰，侧边起棱，计 25 道棱边。建窑茶盏胎体土黄，施酱褐色釉，外壁半釉，下部露胎，其中一件底部有墨书"赤城道院"四字。

临海本地生产的青瓷主要来自梅浦窑、许墅窑两个窑址群。馆藏的梅浦窑、许墅窑瓷器多数品质较高，釉色青绿，玻璃质感强，胎体细腻干净，修胎工艺规整、挺括、匀薄，刻划花工艺精致灵动，纹饰种类丰富，纹饰制作手法多样，表现出较高的艺术水平。据临海市博物馆大事记，1994 年，

来自美国、加拿大、日本等地的专家学者曾在临海市博物馆见到梅浦与许墅窑址的器物标本，发现这批瓷器与菲律宾、日本等国家出土的中国瓷器非常相似。

二、临海青瓷简史

临海市博物馆收藏的最早青瓷器为战国的原始瓷。馆藏汉晋至五代、两宋时期的本地青瓷器发展序列完整清晰，呈现了临海青瓷制造业的发展历程。汉晋时期，当时的窑址主要分布于灵江两岸。目前在临海境内发现的该时期青瓷窑址有7处，其中发现遗存较多、产品种类较为丰富的窑址有鲶鱼坑口窑址、安王山窑址和西岙窑址。这一时期，临海制瓷业已取得一定程度的发展，器型种类丰富，有碗、钵、罐、罍、瓶、壶、盘等，纹饰以弦纹、米字纹、网格纹为主，兼有鸡首、虎首、蛙形等动物造型的器物，瓷胎通常相对粗糙，未经过充分的提炼和细致的处理，釉色多为青或青中泛黄，釉层薄而亮。部分窑址发现有窑具，窑具类型主要为垫具、间隔具。汉晋时期临海制瓷业的初步发展，为南北朝和隋唐时期的临海制瓷业奠定了基础。

在灵江的中上游地区，发现唐代窑址一处，位于城东五孔岙村东扫帚山麓岙里水库大坝北端，称为五孔岙窑址。产品有各式青瓷碗和钵等，外壁多施半釉。流行叠烧。形制普遍较为粗大，胎质厚重，釉色以青黄、青灰为主，足部主要表现为宽圈足及少量玉璧底。

北宋时期，临海瓷窑址主要集中在临海古城五六千米外灵江两岸的梅浦、许墅一带。其中梅浦窑址群位于梅浦村周边，传说古时有所谓的"三十六支窑"，目前所发现的窑址主要有后门山、马里墩、凤凰山、岭下、里岙、马尾坑、瓦窑头、西泽里、王岸、牛山等处。许墅窑址群位于灵江北岸的临海市古城街道西郊许墅村一带，距临海古城约6千米。1966年，临海市箱板纸厂在此选址建厂，施工期间发现了该窑址，同年5月，浙江省文物管理委员会派朱伯谦先生前来主持发掘清理工作，发现的陶瓷器物标本大部分由浙江省文物管理委员会收藏，现存于浙江省博物馆，临海市博物馆也保存了部分标本。

北宋之后，可能受到资源枯竭等因素的影响，加之诸如龙泉窑、景德镇窑等南方其他地区窑场的兴起，临海制瓷业从南宋开始逐渐式微。馆藏南宋瓷器多为龙泉窑与福建、江西一带窑址的器物，可能与此有关。目前仅在今括苍镇一带出现过元代时烧制类似月白钧瓷的粗瓷窑址。元代以后，临海就再没出现烧造规模大、产品质量高的窑址。

三、北宋临海制瓷业的特点

北宋临海制瓷业较前代而言，在胎、釉、窑炉、匣钵、装饰工艺、器物造型等方面均有所创新，这不仅提高了陶瓷产品的质量，还扩大了销售市场。

通过对梅浦、许墅等临海瓷窑址的考察可以得知，当时的制瓷工匠在瓷器制作过程中，会精心挑选瓷土，并通过细致的淘洗去除胎体中的杂质，使得最后成型的胎体既细腻又均匀。这种精细的原料处理过程使得瓷胎具有致密而紧实的特性，不仅提高了瓷器的整体强度和稳定性，同时也为后续瓷胎表面纹饰加工提供了良好基础，对最终成品的质量起着至关重要的作用。釉色的烧制也取得了重要的突破，成功地创造出一种品质更高、更透亮的青釉，将青瓷整体的品质提升到了新的高度。

其次，梅浦与许墅这些临海瓷窑大量使用瓷质匣钵，同时部分瓷器在烧造时采用了釉封技术。从目前考古发现来看，浙江地区采用瓷质匣钵与釉封技术的情况只在烧造高品质秘色青瓷的上林湖唐代窑址中有发现。瓷质匣钵具有良好的密封效果，同时可保证瓷器与匣钵同步的收缩率，从而更能够保证高质量青瓷的生产。从目前梅浦与许墅所发现的宋代瓷器情况来看，其产品主要包括碗、钵、罐、盘、壶、杯、水注、盒、瓶、碟、花器、茶器、香器、酒具等，其中高品质的瓷器釉面紧致纯净，呈现出青翠透亮的效果。装饰技法包括刻、划、刻划结合、镂空等，其中以刻划花最为常见。刻划技巧娴熟，有半刀泥加细线剔刻的手法，线条精致细腻，纹饰类型有双摩羯纹、荷花、蝴蝶、牡丹、莲瓣、缠枝花草、飞鸟和人物等。

1995 年，越窑秘色瓷国际学术会议在上海举行，当代陶瓷研究泰斗耿宝昌先生根据其所见的各地瓷器标本，提出："临近黄岩的临海县许墅窑产品尤其典型，过目所及的标本，有刻花镂空工艺的香薰、盒等，均胎质细腻如玉，釉色青绿如翠，堪称秘色瓷上品。"2023 年 4 月，在临海举办的青瓷考察研讨会上，许多专家都对梅浦、许墅窑址群给予了高度评价。中国古陶瓷学会会长孙新民表示，梅浦、许墅窑烧造的青瓷工艺较为高超，使用大量瓷质匣钵进行装烧，保证了瓷质品的烧造质量，其青瓷胎薄、釉润、玉质感强、刻划纹饰精美，可以与浙江上林湖出土的秘色瓷媲美。北京大学考古文博学院教授秦大树对临海发现的窑业遗存给予了高度评价，认为这一时期临海窑业质量非常高，可以看成是浙江窑业继越窑后的又一中心。

四、北宋临海制瓷业高度发展的成因

临海制瓷业自汉晋兴起，经过隋唐时期的不断发展，最终在北宋达到顶峰。临海制瓷业之所以在北宋时期达到顶峰，得益于地理、政治、经济、文化等多方面的因素。

临海的地理位置及自然资源为制瓷业的发展提供了优越的条件。临海依靠灵江，为制瓷业提供了丰富的水资源，同时也为原材料及成品的运输提供了便利的条件。此外，临海周边多山多植被的自然环境，也使得龙窑的建造及木材燃料的获取更加便利。

唐武德四年（621），置台州，州治设于临海。政治地位的提升促使临海社会各方面都迎来了长足的发展。五代至北宋时期，吴越国钱氏家族成员大量在台州为官，这对临海政治、经济、军事、文化等方面的发展都有着重要意义。冯先铭先生主编的《中国陶瓷》一书中《宋代江南地区陶瓷概说》一章提道："北宋初期吴越钱氏出于烧造贡瓷的特殊需要，促使了浙江越窑（余姚县）的发展与提高，由于贡瓷的数量庞大，远远超越了越窑的生产能力，贡瓷由杭州湾地带生产条件较好的一些瓷窑分担……此外还有台州湾地区的临海和黄岩窑。"[1] 吴越王族来到台州任职，吴越国朝廷命令其选择台州生产条件好的窑场，定向管理，烧制精品瓷器，作为朝廷贡器的补充也在情理之中，而这无疑会促进台州制瓷业在这一时期得到快速发展。

临海制瓷业在北宋达到顶峰也得益于北方人口不断南迁带来的人口增加。大量的人口既为临海制瓷业提供了广阔的市场，也为临海制瓷业提供了大量优秀的制瓷工匠。而北宋时期商品经济的兴起，工商业的繁荣，"海上丝绸之路"的开辟以及海外贸易的增加都促进了临海瓷器烧制数量的增加与制瓷技术的进一步提高。

临海自古就是文化荟萃之地，文人墨客辈出。北宋时期，临海的文化也得到快速发展。文人士大夫对瓷器有着独特的爱好，他们对瓷器提出了更高的审美要求，从而激发了制瓷业的技术创新和艺术表现，推动着制瓷业的艺术化发展，促进了制瓷工艺的提升。

---

[1] 冯先铭编：《中国陶瓷》，上海：上海古籍出版社，2001年，第400页。

线刻戏曲人物纹四系青瓷瓶

北宋

口径 11.0 厘米，底径 8.5 厘米，高 26.6 厘米

1986 年 8 月 30 日远洲路原鲤鱼山麓毛纺厂基建工地出土

四系，上腹外鼓，平底内凹，胎质粗松，釉色青中泛黄，少光泽。口沿及一系残损，余皆完好。下腹有二划线人物，似为一主一侍，主大侍小，俱仅半身。主者面侧，头戴云巾，巾带高扬，身穿系带衫，右臂前屈执鞭，左手屈举握刀，有出迎风奔驰之感。侍者正面，头戴莲花冠，冠后双飘带，身着团领袍，双手笼袖。在主人的云巾上，还有另外一副面孔，五官刻划清晰。整幅画描绘的应是一种戏剧表演的形式。

许墅窑蕉叶纹青瓷水盂

北宋

口径 4.9 厘米，底径 7.1 厘米，高 7.6 厘米

1983 年许墅村出土

　　胎质灰白，质地细腻，修胎规整，呈圆球状。满釉，釉色青翠。器身以浅浮雕手法饰以三叠蕉叶，叶瓣经络以细划线出之，圈足外撇，器底有隐约的垫烧痕迹。

许墅窑莲花纹果形青瓷盖盒

北宋

口径 7.2 厘米，底径 4.8 厘米，高 7.3 厘米

1984 年 12 月 4 日汛桥蒋山出土

器作果形，盖饰莲花，莲花覆瓣三叠，花瓣划出细脉，盖顶有柄状钮。通体施青釉，釉色青中泛绿，晶莹清亮。

梅浦窑瓜棱形青瓷执壶

北宋

口径 4.1 厘米，底径 7.8 厘米，高 17.0 厘米

1982 年 12 月梅浦出土，2021 年修复

梅浦窑瓜棱形青瓷执壶

北宋

口径 5.6 厘米、底径 7.8 厘米，高 21.5 厘米

1983 年 12 月城关后山出土，2021 年修复

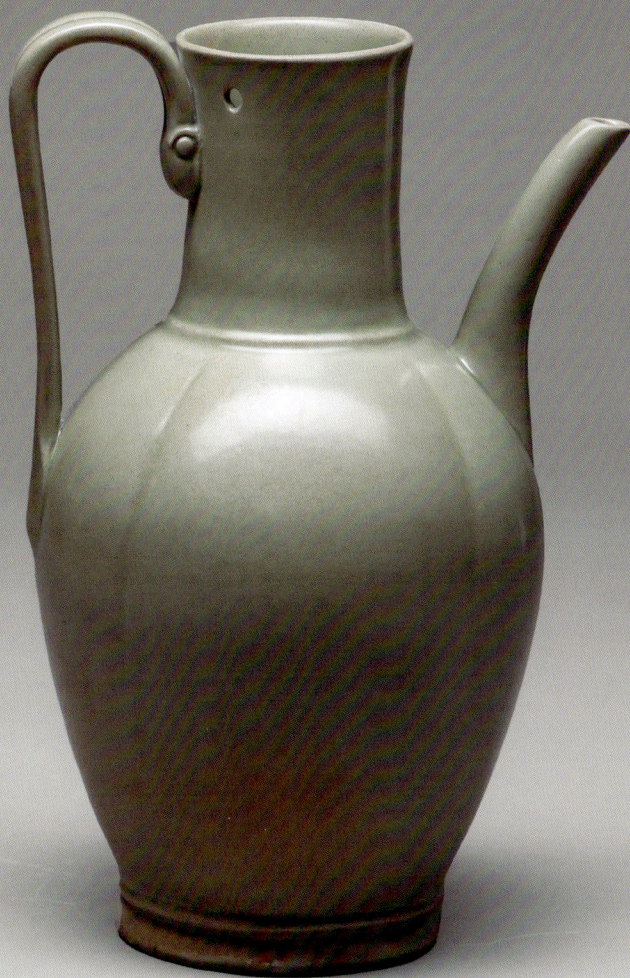

梅浦窑花卉纹青瓷执壶

北宋

口径 9.6 厘米，底径 7.8 厘米，高 19.3 厘米

1982 年 12 月梅浦出土，2021 年修复

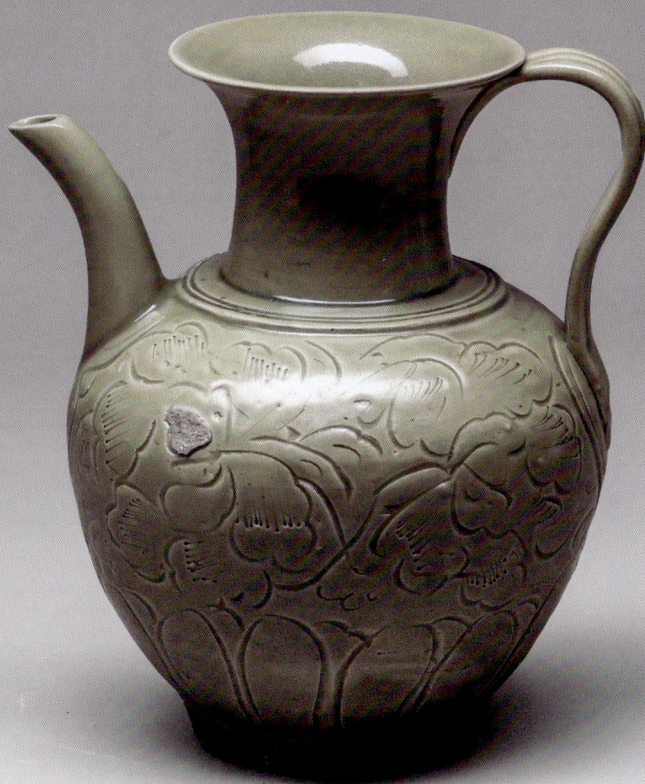

（修复前）

（修复后）

（修复后）

梅浦窑青瓷斗笠碗

北宋

口径 13.0 厘米，底径 4.2 厘米，高 4.5 厘米

2007 年 1 月 6 日凤凰山出土

（修复后）

梅浦窑摩羯纹划花青瓷盘

北宋

口径 19.5 厘米，底径 9.5 厘米，高 5.0 厘米

1982 年采集，2021 年修复

　　敞口，尖圆唇，口微侈，高圈足，足微撇。外底有支烧痕，施满釉，釉色青绿，釉质光亮，玻璃质感强。碗内壁饰一弦纹、双摩羯纹，二摩羯同向环绕，龙首鱼身，额上有角与耳，鱼身较短，背景为层叠水波纹。

梅浦窑青瓷葵口碗

北宋

口径 12.3 厘米，底径 6.7 厘米，高 3.3 厘米

1982 年采集，2021 年修复

梅浦窑青瓷碟

北宋

口径 13.5 厘米，底径 5.9 厘米，高 2.5 厘米

1982 年采集，2021 年修复

梅浦窑青瓷碗

北宋

口径 13.8 厘米，底径 6.0 厘米，高 5.0 厘米

1982 年采集，2021 年修复

梅浦窑划花青瓷粉盒盖

五代至北宋

口径 9.2 厘米，高 1.8 厘米

征集

梅浦窑划花青瓷碟形盖

北宋
口径 12.0 厘米，底径 3.7 厘米，高 3.2 厘米
征集

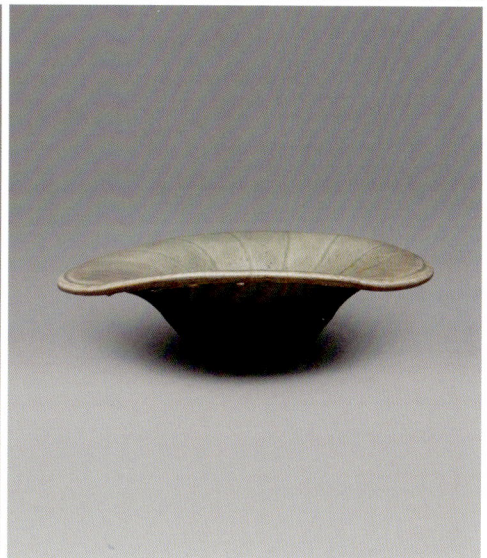

褐釉梅瓶

北宋

口径 6.2 厘米，底径 8.7 厘米，高 32.7 厘米

1985 年 1 月 30 日大田枪坦山出土

青瓷韩瓶

宋代

口径 8.0 厘米，底径 7.8 厘米，高 23.7 厘米

1982 年 5 月梅浦出土

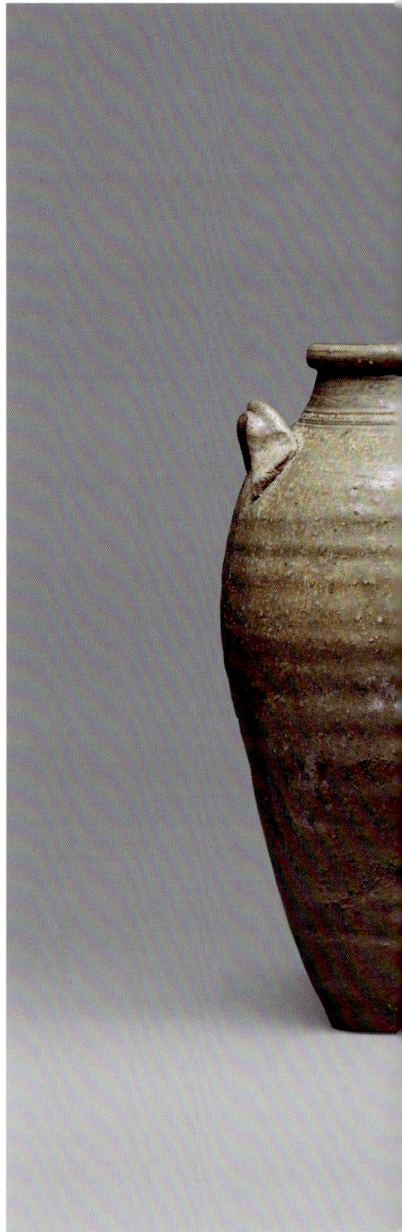

青瓷双系瓶

宋代

口径 9.5 厘米，底径 8.5 厘米，高 25.2 厘米（左）

口径 9.0 厘米，底径 8.5 厘米，高 23.1 厘米（中）

口径 8.7 厘米，底径 7.5 厘米，高 19.0 厘米（右）

1990 年 4 月 6 日后岭下馒头山出土

龙衔环耳青瓷瓶

宋代

口径 6.7 厘米，底径 7.7 厘米，高 20.0 厘米

1984 年 4 月 19 日临海市烧碱厂出土

葵口青瓷碗

北宋

口径 13.7 厘米，底径 5.4 厘米，高 4.1 厘米

1982 年 11 月 18 日尤溪出土

越窑青瓷碗

北宋

口径 16.2 厘米，底径 8.0 厘米，高 6.5 厘米

1986 年 10 月 21 日临海花园香年乡假山下出土

越窑青瓷碗

北宋

口径 13.3 厘米，底径 5.2 厘米，高 5.2 厘米

1973 年 4 月电焊机厂山宫 3 号出土

越窑青瓷碟

北宋

口径 12.5 厘米，底径 6.2 厘米，高 3.3 厘米

1986 年 10 月 21 日花园香年乡假山下出土

龙泉窑青瓷多子盒

南宋至元

口径 12.7 厘米，底径 4.3 厘米，高 3.6 厘米

1972 年 8 月城南罗家坑湖头屿出土

龙泉窑月梅纹青瓷斗笠碗

南宋至元

口径 13.0 厘米，底径 3.1 厘米，高 5.0 厘米

1972 年 8 月城南罗家坑湖头屿出土

　　敞口，圈足，造型呈仰斗笠状，胎质坚致而薄，釉色淡青，
匀净滋润，突出地反映了当时的制瓷工艺水平。内壁刻划横斜梅
花三两枝，梅枝上方有淡淡的一弯月痕，笔法洗练生动，与当时
的绘画风格一致，体现出细腻却不失挺拔的文人审美特征，具有
较高的艺术研究价值。

龙泉窑青瓷公道杯

南宋

口径 7.5 厘米，底径 2.9 厘米，高 6.6 厘米

1972 年 8 月城南罗家坑湖头屿出土

　　深腹圈足，口沿略外侈。胎制坚致，釉色淡青，匀净滋润，釉面呈现玻璃光泽，外壁上端饰有两道弦纹，腹部有低浅的菊瓣状垂直条纹。杯中央堆塑一立状寿星，杯底有孔，其孔上升至寿星胸部下折至杯底，开一出口，故盛酒至八分即由底溢出。

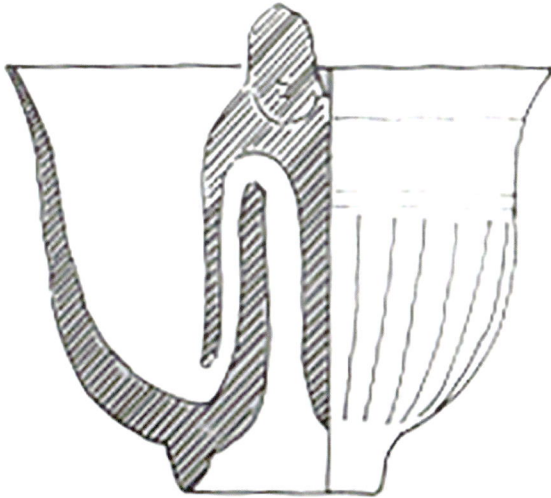

龙泉窑青瓷公道杯　原理图

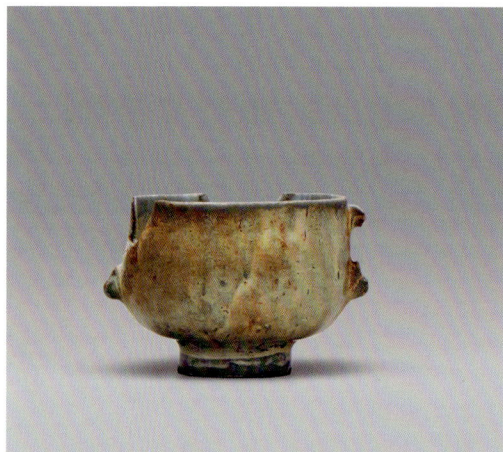
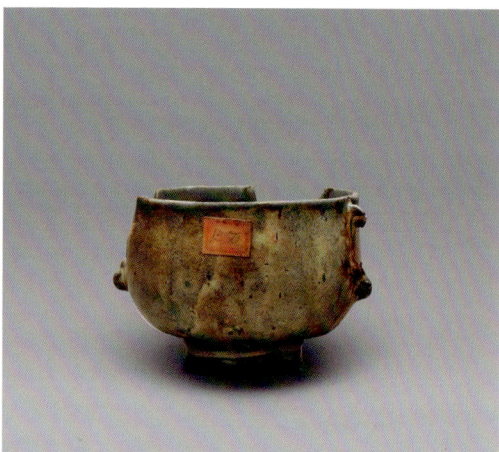

龙泉窑黑胎青瓷簋式炉（残）

南宋

口径 7.4 厘米，底径 3.9 厘米，高 5.4 厘米

征集

龙泉窑黑胎青瓷花盆（残）

南宋

口径 10.4 厘米，底径 5.9 厘米，高 6.2 厘米

征集

龙泉窑青瓷凤耳瓶

南宋
口径 10.5 厘米, 底径 10.3 厘米, 高 26.8 厘米
征集

龙泉窑青瓷长颈瓶

南宋

口径 6.0 厘米，底径 6.4 厘米，高 21.5 厘米

征集

龙泉窑青瓷碗

南宋

口径 11.0 厘米，底径 3.1 厘米，高 5.0 厘米

征集

龙泉窑粉青釉小瓷碗

南宋

口径 9.7 厘米，底径 3.1 厘米，高 4.8 厘米

征集

龙泉窑葵口青瓷碗

南宋

口径 16.2 厘米，底径 4.8 厘米，高 7.6 厘米

城东前岙山出土

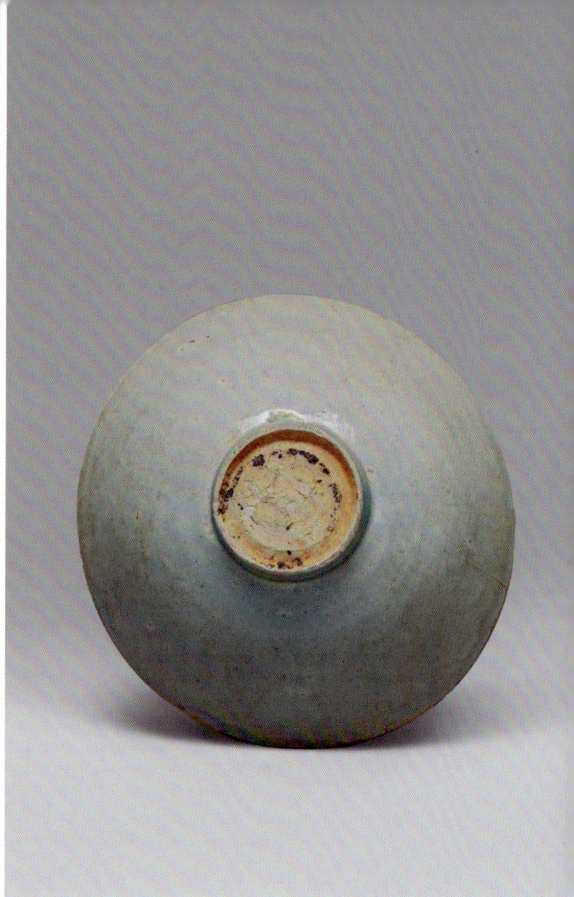

景德镇窑刻划花青白瓷碗

宋代

口径 17.0 厘米，底径 5.6 厘米，高 5.9 厘米

征集

龙泉窑刻划花青瓷碗

南宋

口径 18.7 厘米，底径 6.5 厘米，高 7.6 厘米

征集

景德镇窑模印双鱼纹青白瓷碗

南宋

口径 17.3 厘米，底径 4.5 厘米，高 4.0 厘米（左）

口径 18.6 厘米，底径 6.6 厘米，高 5.6 厘米（右）

征集

景德镇窑婴戏纹青白瓷碗

南宋

口径 16.8 厘米，底径 4.3 厘米，高 5.0 厘米

1993 年 12 月 7 日城南章家溪出土

青白瓷双复系小瓷罐

南宋

口径 6.2 厘米，底径 5.2 厘米，高 4.1 厘米

征集

景德镇窑青白瓷盒盖
宋代
口径 10.5 厘米, 高 2.0 厘米
征集

景德镇窑素胎人物头像

南宋

长 6.7 厘米，宽 4.0 厘米，厚 5.0 厘米

1992 年 6 月 8 日邵家渡乡出土

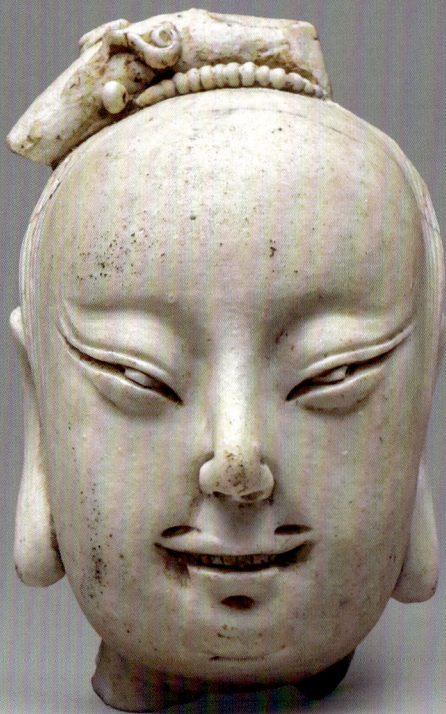

青釉荷叶形器盖

宋代

直径 7.3 厘米，高 2.4 厘米

1984 年汇溪镇黄泥坦出土

吉州窑玳瑁斑茶盏

南宋

口径 11.2 厘米，底径 3.5 厘米，高 5.4 厘米

1990 年 2 月 10 日城关后岭下馒头山出土

耀州窑刻花青瓷碗

北宋

口径 19.4 厘米，底径 6.0 厘米，高 5.8 厘米

征集

沙埠窑划花青瓷碗（残）

北宋
口径 15.4 厘米，底径 5.0 厘米，高 4.0 厘米
征集

青釉褐彩水草纹瓷瓶

南宋

口径 5.5 厘米，底径 6.7 厘米，高 22.1 厘米

1991 年 5 月 4 日城东花街出土

青釉褐彩水草纹瓷罐

宋代

口径 10.3 厘米，底径 7.0 厘米，高 18.5 厘米

2007 年 8 月 3 日城关人民路出土

乳浊釉瓷罐

南宋至元

口径 7.2 厘米，底径 5.0 厘米，高 10.4 厘米

1982 年 4 月水果场出土

"徐太"款佛像砖

北宋

长8.8厘米，宽7.5厘米，厚5.0厘米

1989年11月16日巾山西塔出土

"徐太"款佛像砖

北宋

长 10.5 厘米，宽 7.6 厘米，厚 2.1 厘米

1989 年 11 月 16 日巾山西塔出土

彩绘陶佛像

北宋

高 23.0 厘米，宽 18.3 厘米，厚 5.5 厘米

1989 年 11 月 16 日巾山西塔出土

彩绘陶佛像

北宋

高 9.0 厘米，宽 8.0 厘米，厚 4.8 厘米

1989 年 11 月 16 日巾山西塔出土

陶佛像

北宋

高 23.7 厘米，宽 18.5 厘米，厚 5.0 厘米

1989 年 11 月 16 日巾山西塔出土

陶童子像（残）

北宋

头高 11.0 厘米，残身高 7.0 厘米

1989 年 11 月 16 日巾山西塔出土

彩绘陶佛像（残）

北宋

高 16.5 厘米，宽 19.5 厘米，厚 5.5 厘米

1989 年 11 月 16 日巾山西塔出土

陶天王像（残）

北宋

高 18.0 厘米，宽 17.5 厘米，厚 3.0 厘米

1989 年 11 月 16 日巾山西塔出土

陶童子头像（残）

北宋
高 6.1 厘米，宽 5.1 厘米，厚 5.4 厘米
1989 年 11 月 16 日巾山西塔出土

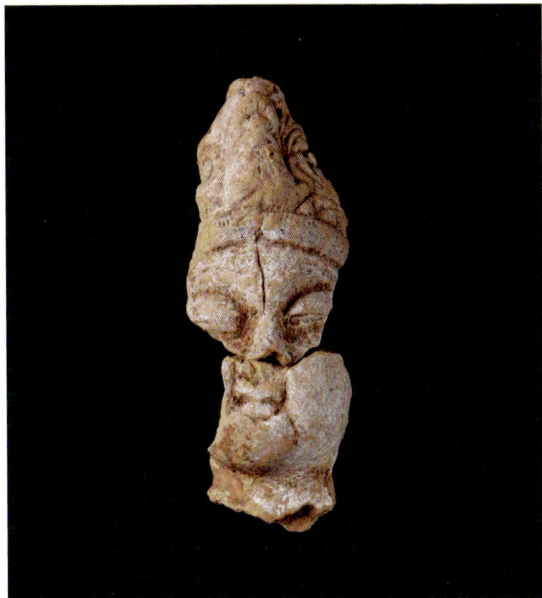

陶观音菩萨头像（残）

北宋

高 10.0 厘米，宽 3.5 厘米，厚 1.1 厘米

1989 年 11 月 16 日巾山西塔出土

陶佛像（残）

北宋

高 9.5 厘米，宽 6.5 厘米，厚 3.0 厘米

1989 年 11 月 16 日巾山西塔出土

陶佛塔

北宋

底径 15.8 厘米，高 41.0 厘米

1989 年 11 月 16 日巾山西塔出土

陶佛塔

北宋

底径 13.0 厘米，高 39.2 厘米

1989 年 11 月 16 日巾山西塔出土

陶质火珠

宋代

底径 6.6 厘米，高 10.3 厘米

1983 年 10 月 27 日梅浦出土

陶质建筑构件

宋代

长 10.0 厘米，宽 8.5 厘米，高 12.6 厘米（上）

长 5.8 厘米，宽 5.5 厘米，高 7.3 厘米（下左）

长 18.1 厘米，宽 5.5 厘米，高 9.1 厘米（下右）

临海市沿江镇上京村采集

塔砖

北宋大中祥符元年（1008）

长 32.0 厘米，宽 15.0 厘米，厚 5.0 厘米

1990 年 5 月 8 日巾山西塔出土

塔砖

北宋

长 33.0 厘米，宽 15.0 厘米，厚 5.0 厘米

1990 年 5 月 8 日巾山西塔出土

杜桥惠因寺砖

北宋

长 14.0 厘米，宽 10.0 厘米，厚 5.0 厘米

1990 年 5 月 8 日巾山西塔出土

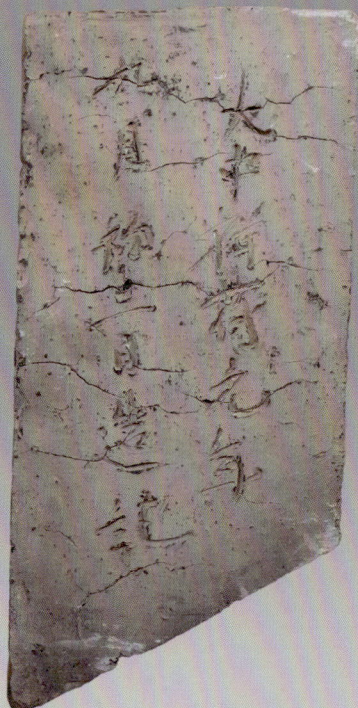

"大中祥符元年"塔砖

北宋

长 19.8 厘米，宽 15.0 厘米，厚 5.0 厘米

1990 年 5 月 8 日巾山西塔出土

地砖

宋代

长 22.0 厘米，宽 14.5 厘米，厚 3.5 厘米

1989 年 1 月 25 日台州大厦基建工地出土

肆

钱币

宋代卷

临海市博物馆藏品大系

LINHAI MUSEUM COLLECTION SERIES
SONG DYNASTY

宋代 / 大观通宝 // 临海市博物馆藏

方寸之间：馆藏宋代钱币概述

文 / 罗伟霞

　　两宋时期，商品经济快速发展，引起了货币数量的剧增。据载，神宗元丰年间，铜钱有十七监，年铸钱额最多达到五百零六万贯。[1]临海所在的两浙地区是宋代尤其南宋时期重要的经济区，货币经济发达。南宋初流通纸币会子，宋高宗曾命临海人、知临安府权尚书、户部侍郎钱端礼造会子，"储见钱，于城内外流传，其合发官钱，并许兑会子输左藏库。……会子初行，止于两浙，后又通行于淮、浙、湖北、京西"[2]。其时临海货币流通当以铜钱、纸币为主。淳祐三年（1243）春，"台城一日之间，忽绝无一文小钱在市行用。乃知本郡奸民奸弊至此之极，不知前后辗转漏泄几多，不可以数计矣"[3]。此为南宋台州铜钱因走私贸易外流情形，但也从侧面说明了宋时台州货币经济发达。

　　2004年6月2日，临海市西郊梅浦出土246千克窖藏宋代铜钱，种类丰富，以北宋钱币为多，也有南宋淳熙、绍熙等年号钱，说明窖藏为南宋时期所埋。此时，临海社会较为安定，未见大的社会动乱。南宋时期，随着铜、锡等矿业生产的衰落，销钱铸器利润丰厚，绍兴年间乃至"一钱之毁，嬴利十倍"[4]。而其时台州地区的铜器铸造业兴盛，"浙东路绍兴府，温、台、明州；浙西路临安、平江、镇江府，湖、秀、常州……铸造铜器尤盛"[5]。推测梅浦这批窖藏铜钱可能与铜器私铸有关。2002年12月13日，小芝镇中心校（原真如寺）真如寺塔地宫遗址发现的496枚宋代钱币，最早的是唐"开元通宝"，最晚的为北宋"圣宋元宝"，同时还出土有崇宁三年（1104）铭文的佛像，表明这批铜钱是在北宋崇宁三年或之后不久埋藏的供养钱。1984年，花园区还发现了唐至明窖藏铜钱，其中大多为宋代铜钱。

　　临海市博物馆所藏宋代钱币版别丰富，包括太平通宝、祥符通宝、明道通宝、淳熙元宝等40余种，基本涵盖了从宋太祖发行的第一种铜钱"宋元通宝"到南宋最后一种铜钱、度宗赵禥铸行的"咸淳通宝"之间的品类，其中不乏稀少珍贵者。梅浦窖藏出土的北宋"靖康元宝"直径3.0厘米，厚0.16厘米，内孔0.8厘米，重6.98克，为正书折三钱。宋钦宗赵桓于靖康年间铸靖康元宝和靖康通宝，但钦宗即位一年多即被金兵掳走，当时靖康钱铸额非常少，传世量亦少，故而非常珍贵。北宋仁宗时期所铸非年号钱"皇宋通宝"存世数量较其他宋代古钱相对较少。馆藏"皇宋通宝"分小平、折二两种，书法有篆书和楷书。徽宗时所铸三和钱"政和通宝""重和通宝""宣和通宝"因铸行时间较短，在北宋出土的古铜钱中亦较为少见。馆藏"政和通宝"为正书与篆书小平钱、篆书折二与折三钱，"重和通宝"则为正书小平钱，"宣和通宝"有正书小平钱、篆书折二钱、正书折二与折三钱。

　　宋代钱文书法在我国古钱文化中占有重要地位。宋以前的钱文书法多为篆书或隶书，至宋代出现了里程碑式的变化。《宋史·食货志》记载："初，太宗改元太平兴国，更铸'太平通宝'。淳化改铸，又亲书'淳化元宝'，作真、行、草三体。"[6]太宗推崇文治，亲书三体钱文，其中蕴含了"以文化成天下"的政治意味，也开启了钱文使用多种书体的历史。馆藏淳化元宝、至道元宝皆为太宗御书钱，其中真书钱参用隶意，厚重端庄，行、草二体神采飞扬，张弛有致，可见宋太宗书法造诣之深。徽宗瘦金体"崇宁通宝""大观通宝"把御书钱推向了前无古人、后无来者的巅峰。馆藏崇宁通宝有折十钱，大观通宝有小平、折十钱，钱文皆为徽宗御书瘦金体，瘦直挺拔，劲健有力，运笔挺峻，风韵别致。南宋高宗亦具有很高的书法艺术素养，曾于绍兴二十七年（1157）御书绍兴通宝样钱。据研究，绍兴通宝钱中的折五、折十型大钱及折二钱中

接廊的钱币才为御书钱，其余绍兴通宝钱并不一
定是宋高宗御书钱。[7]馆藏真书绍兴通宝折二钱
直径2.9厘米，厚0.1厘米，钱文接连内郭，宽
缘肥字，端庄方正，应为高宗御书钱无疑。高宗
御书绍兴通宝成为钱文使用规范宋体字的先声。
孝宗淳熙七年（1180）钱币改制，在理学影响下，
南宋钱币逐渐演变为单一的规范化宋体字，结束
了钱币书法百花齐放的局面。

　　宋朝钱币种类丰富而又卓具特色，其中包括
了大量政治、经济、军事、文化的信息，为我们
研究宋代社会历史发展提供了重要资料。

[1] 彭信威：《中国货币史》，上海：上海人民出版社，
2007年，第305页。

[2]（元）脱脱等：《宋史·食货志下三》卷
一百八十一，北京：中华书局，1977年，第4406页。

[3]（宋）包恢：《敝帚稿略》卷一《禁铜钱申省状》，
《景印文渊阁四库全书》，台北：台湾商务印书馆，
1984年，第1178册第713页。

[4]（清）徐松：《宋会要辑稿·职官四十三》，《续
修四库全书》，上海：上海古籍出版社，2002年，第
779册第487页。

[5]（宋）李弥逊：《筠溪集》卷三《户部乞禁铜器札
子》，《景印文渊阁四库全书》，台北：台湾商务印
书馆，1984年，第1130册第613页。

[6]（元）脱脱等：《宋史·食货志下二》，北京：中
华书局，1977年，第4380页。

[7] 李峰：《钱币文字：书法史的另一种视角》，《中
国书法》，2018年第10期。

宋元通宝铜钱

北宋太祖建隆元年（960）始铸
钱径 2.4 厘米，孔径 0.5 厘米（左）
钱径 2.4 厘米，孔径 0.6 厘米（中）
钱径 2.5 厘米，孔径 0.6 厘米（右）
征集

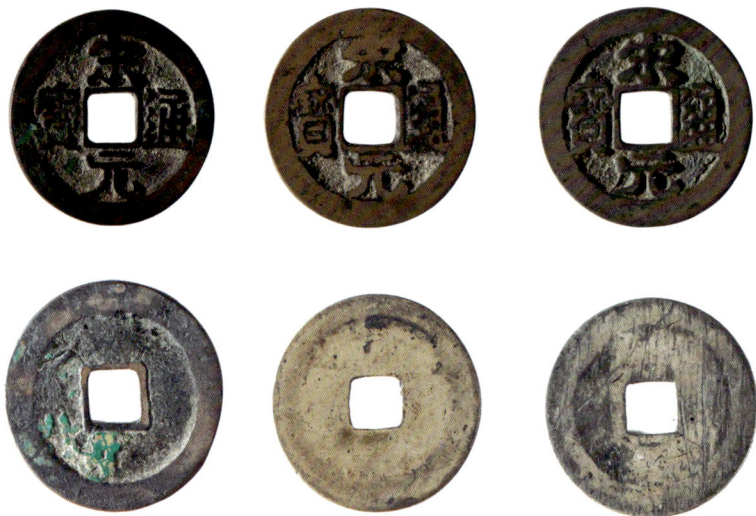

太平通宝铜钱

北宋太平兴国年间（976—984）
钱径 2.4 厘米，孔径 0.6 厘米（左）
钱径 2.4 厘米，孔径 0.7 厘米（中）
钱径 2.4 厘米，孔径 0.6 厘米（右）
征集

淳化元宝铜钱

北宋淳化元年（990）始铸
钱径 2.4 厘米，孔径 0.6 厘米（左）
钱径 2.5 厘米，孔径 0.6 厘米（中）
钱径 2.5 厘米，孔径 0.6 厘米（右）
钱径 2.5 厘米，孔径 0.6 厘米（左下）
征集

至道元宝铜钱

北宋至道年间（995—997）
钱径 2.3 厘米，孔径 0.7 厘米（左）
钱径 2.4 厘米，孔径 0.6 厘米（中）
钱径 2.5 厘米，孔径 0.6 厘米（右）
钱径 2.5 厘米，孔径 0.7 厘米（右下）
征集

咸平元宝铜钱

北宋咸平年间（998—1003）

钱径 2.4 厘米，孔径 0.5 厘米（左）

钱径 2.4 厘米，孔径 0.6 厘米（中）

钱径 2.5 厘米，孔径 0.6 厘米（右）

征集

景德元宝铜钱

北宋景德年间（1004—1007）
钱径 2.5 厘米，孔径 0.6 厘米（左）
钱径 2.5 厘米，孔径 0.6 厘米（右）
征集

祥符元宝 / 通宝铜钱

北宋大中祥符年间（1008—1016）

钱径 2.6 厘米，孔径 0.6 厘米（左）

钱径 2.5 厘米，孔径 0.6 厘米（中）

钱径 2.4 厘米，孔径 0.6 厘米（右）

征集

天禧通宝铜钱

北宋天禧年间（1017—1021）
钱径 2.5 厘米，孔径 0.6 厘米（左）
钱径 2.6 厘米，孔径 0.5 厘米（右）
征集

天圣元宝铜钱

北宋天圣年间（1023—1031）

钱径 2.1 厘米，孔径 0.5 厘米（左）

钱径 2.5 厘米，孔径 0.7 厘米（中）

钱径 2.5 厘米，孔径 0.7 厘米（右）

征集

明道元宝铜钱

北宋明道年间（1032—1033）
钱径 2.5 厘米，孔径 0.7 厘米（左）
钱径 2.5 厘米，孔径 0.6 厘米（中）
钱径 2.6 厘米，孔径 0.6 厘米（右）
征集

景祐元宝铜钱

北宋景祐年间（1034—1038）

钱径 2.5 厘米，孔径 0.7 厘米（左）

钱径 2.5 厘米，孔径 0.8 厘米（中）

钱径 2.5 厘米，孔径 0.7 厘米（右）

征集

庆历重宝铜钱

北宋庆历年间（1041—1048）
钱径 3.0 厘米，孔径 0.8 厘米
征集

至和元宝铜钱

北宋至和年间（1054—1056）
钱径 2.4 厘米，孔径 0.7 厘米（左）
钱径 2.4 厘米，孔径 0.6 厘米（中）
钱径 2.5 厘米，孔径 0.9 厘米（右）
征集

嘉祐元宝／通宝铜钱

北宋嘉祐年间（1056—1063）
钱径 2.3 厘米，孔径 0.7 厘米（左）
钱径 2.4 厘米，孔径 0.6 厘米（中）
钱径 2.5 厘米，孔径 0.8 厘米（右）
征集

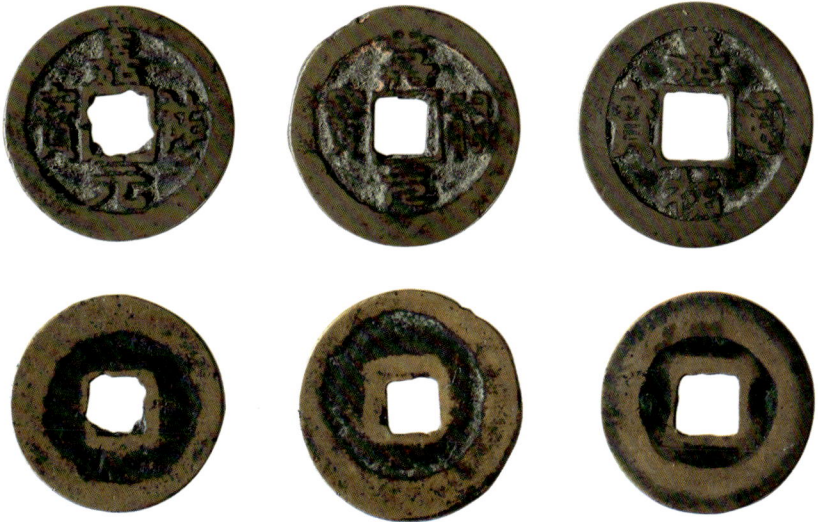

治平元宝／通宝铜钱

北宋治平年间（1064—1067）
钱径 2.4 厘米，孔径 0.7 厘米（左）
钱径 2.4 厘米，孔径 0.8 厘米（中）
钱径 2.4 厘米，孔径 0.7 厘米（右）
征集

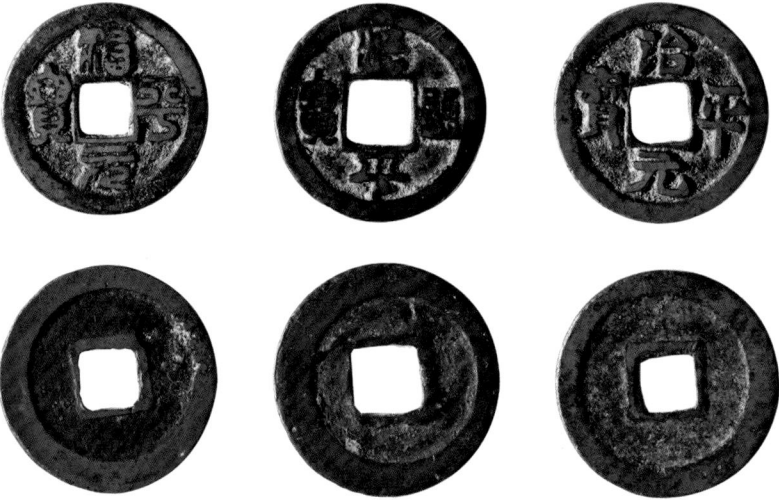

熙宁元宝/重宝铜钱

北宋熙宁年间（1068—1077）

钱径 2.4 厘米，孔径 0.7 厘米（左）

钱径 2.4 厘米，孔径 0.8 厘米（中）

钱径 2.8 厘米，孔径 0.6 厘米（右）

征集

元丰通宝铜钱

北宋元丰年间（1078—1085）
钱径 2.3 厘米，孔径 0.7 厘米（左）
钱径 2.9 厘米，孔径 0.8 厘米（中）
钱径 2.9 厘米，孔径 0.8 厘米（右）
征集

元祐通宝铜钱

北宋元祐年间（1086—1094）
钱径 2.4 厘米，孔径 0.7 厘米（左）
钱径 3.0 厘米，孔径 0.8 厘米（中）
钱径 3.0 厘米，孔径 0.8 厘米（右）
征集

绍圣元宝铜钱

北宋绍圣年间（1094—1098）

钱径 2.4 厘米，孔径 0.6 厘米（左）

钱径 2.4 厘米，孔径 0.7 厘米（中）

钱径 3.0 厘米，孔径 0.8 厘米（右）

征集

元符通宝铜钱

北宋元符年间（1098—1100）
钱径 2.2 厘米，孔径 0.6 厘米（左）
钱径 2.9 厘米，孔径 0.6 厘米（中）
钱径 3.1 厘米，孔径 0.8 厘米（右）
征集

圣宋元宝铜钱

北宋建中靖国元年（1101）

钱径 2.1 厘米，孔径 0.5 厘米（左）

钱径 2.5 厘米，孔径 0.7 厘米（中）

钱径 2.9 厘米，孔径 0.7 厘米（右）

征集

崇宁通宝／重宝铜钱

北宋崇宁年间（1102—1106）

钱径 3.4 厘米，孔径 0.9 厘米（左）

钱径 3.4 厘米，孔径 0.8 厘米（右）

征集

大观通宝铜钱

北宋大观年间（1107—1110）
钱径 2.4 厘米，孔径 0.7 厘米（左）
钱径 4.0 厘米，孔径 1.2 厘米（右）
征集

政和通宝铜钱

北宋政和年间（1111—1118）

钱径 2.5 厘米，孔径 0.6 厘米（左）

钱径 2.8 厘米，孔径 0.7 厘米（中）

钱径 2.8 厘米，孔径 0.6 厘米（右）

征集

重和通宝铜钱

北宋重和年间（1118—1119）

钱径 2.5 厘米，孔径 0.7 厘米

征集

宣和通宝铜钱

北宋宣和年间（1119—1125）
钱径 2.8 厘米，孔径 0.7 厘米（左）
钱径 2.7 厘米，孔径 0.7 厘米（中）
钱径 3.1 厘米，孔径 0.7 厘米（右）
征集

靖康元宝铜钱

北宋靖康年间（1126—1127）

钱径 3.0 厘米，孔径 0.8 厘米

2004 年 6 月 28 日梅浦窖藏出土

建炎通宝铜钱

南宋建炎年间（1127—1130）

钱径 2.8 厘米，孔径 0.7 厘米（左）

钱径 3.0 厘米，孔径 0.7 厘米（右）

征集

绍兴元宝铜钱

南宋绍兴年间（1131—1162）

钱径 2.8 厘米，孔径 0.7 厘米（左）

钱径 2.8 厘米，孔径 0.7 厘米（右）

征集

隆兴元宝铜钱

南宋隆兴年间（1163—1164）
钱径 2.9 厘米，孔径 0.9 厘米（左）
钱径 3.0 厘米，孔径 0.7 厘米（右）
征集

乾道元宝铜钱

南宋乾道年间（1165—1173）
钱径 2.8 厘米，孔径 0.7 厘米（左）
钱径 2.8 厘米，孔径 0.8 厘米（中）
钱径 2.8 厘米，孔径 0.8 厘米（右）
征集

淳熙元宝铜钱

南宋淳熙年间（1174—1189）

钱径 2.8 厘米，孔径 0.8 厘米（上）

钱径 2.4 厘米，孔径 0.7 厘米（中）

钱径 2.8 厘米，孔径 0.9 厘米（下）

征集

绍熙元宝铜钱

南宋绍熙年间（1190—1194）
钱径 2.4 厘米，孔径 0.6 厘米（左）
钱径 2.8 厘米，孔径 0.9 厘米（中）
钱径 3.0 厘米，孔径 0.8 厘米（右）
征集

庆元通宝铜钱

南宋庆元年间（1195—1200）
钱径 2.9 厘米，孔径 0.9 厘米（左）
钱径 3.3 厘米，孔径 0.9 厘米（右）
征集

嘉泰通宝铜钱

南宋嘉泰年间（1201—1204）
钱径 2.9 厘米，孔径 0.9 厘米（左）
钱径 3.5 厘米，孔径 0.9 厘米（右）
征集

开禧通宝铜钱

南宋开禧年间（1205—1207）

钱径 2.9 厘米，孔径 0.8 厘米

征集

嘉定通宝铜钱

南宋嘉定年间（1208—1224）
钱径 2.9 厘米，孔径 0.8 厘米（左）
钱径 2.8 厘米，孔径 0.8 厘米（右）
征集

大宋元宝铜钱

南宋宝庆年间 (1225—1227)
钱径 2.9 厘米，孔径 0.7 厘米（上）
钱径 3.0 厘米，孔径 0.8 厘米（下）
征集

绍定通宝铜钱

南宋绍定年间（1228—1233）
钱径 2.3 厘米，孔径 0.6 厘米（左）
钱径 2.4 厘米，孔径 0.6 厘米（中）
钱径 2.9 厘米，孔径 0.8 厘米（右）
征集

端平通宝铜钱

南宋端平年间（1234—1236）

钱径 3.5 厘米，孔径 1.0 厘米（左）

钱径 3.6 厘米，孔径 1.0 厘米（右）

征集

嘉熙重宝铜钱

南宋嘉熙年间（1237—1240）
钱径 3.7 厘米，孔径 1.0 厘米
征集

淳祐元宝铜钱

南宋淳祐年间（1241—1252）

钱径 2.7 厘米，孔径 0.9 厘米（左）

钱径 2.8 厘米，孔径 0.8 厘米（右）

征集

皇宋元宝铜钱

南宋宝祐年间 (1253—1258)
钱径 2.9 厘米，孔径 0.9 厘米
征集

景定元宝铜钱

南宋景定年间（1260—1264）
钱径 2.4 厘米，孔径 0.7 厘米（左）
钱径 2.9 厘米，孔径 0.8 厘米（右）
征集

大定通宝铜钱

金大定十八年至二十九年（1178—1189）

钱径 2.5 厘米，孔径 0.6 厘米（左）

钱径 2.5 厘米，孔径 0.6 厘米（右）

征集

正隆元宝铜钱

金正隆三年（1158）
钱径 2.5 厘米，孔径 0.6 厘米（左）
钱径 2.5 厘米，孔径 0.6 厘米（右）
征集

窖藏铜钱

宋

2004 年 6 月 28 日梅浦出土

伍

宋代卷
SONG DYNASTY

金银器·杂项

临海市博物馆藏品大系
LINHAI MUSEUM COLLECTION SERIES

宋代 / 银鎏金 // 临海市博物馆藏

奢华的精致：临海出土宋代金银器概述

文 / 罗伟霞

宋代商品经济得到了前所未有的发展，市镇繁荣，商业气息弥漫于社会各阶层。百姓生活富足，追求奢华，"辇毂之下，奔竞侈靡，有未革者。居室服用以壮丽相夸，珠玑金玉以奇巧相胜，不独贵近，比比纷纷，日益滋甚"[1]。金银也作为奢华的装饰及实用材料大量进入人们的生活之中。在稍有规模的酒店中，"不问何人，止两人对坐饮酒，亦须用注碗一副，盘盏两副，果菜碟各五只，水菜碗三五只，即银近百两矣。虽一人独饮，碗遂亦用银盂之类"[2]。

临海市博物馆藏宋代金银器主要来自三次出土：一是 1984 年尤溪镇出土了 26 件（套）金银饰件；二是 2002 年 12 月小芝镇中心校内真如寺遗址出土连底座群组银佛像及金耳坠等物品；最近的一次是 2022 年 8 月至 9 月，涌泉镇外岙村延恩寺后山南宋理宗朝参知政事杨栋墓经考古发掘出土金腰带构件（一副）、梅花形金盏等重要文物。金银器用途广泛，就馆藏金银器来说，主要分为装饰品、生活器具、佛教用品三大类。

一、装饰品

尤溪镇出土的金银饰件以发簪为主，样式丰富，有常见的圆棒式簪，簪首呈花朵状，簪柄作素面细长圆锥形，有的近簪首处饰以花草等纹饰，其中有四支簪柄内填充竹质内芯，应是制作时用来定型簪柄的材料，同时对簪柄起到支撑作用。此外还有扁平的耳挖簪、花首簪及双瓜并头簪等。最为精美的要属镂空花筒簪与桥梁簪。镂空花筒簪的柄卷作空心锥形筒状，或呈多个平面，通体镂空锦地纹，纹饰精美，簪首有花形盖帽，花头饱满，造型优美。花头桥梁簪簪柄扁平，簪首以一根银条为梁，三枚如展开折叠扇的花头并列置于梁上。另有银鎏金凤

鸟形饰件，尾羽镂空，起伏灵动，应当是簪头饰品。钗的数量较少，最重要的是银鎏金花头桥梁钗，梁上呈弧形排列九枚折叠扇形花头。这批金银装饰品上的植物、凤鸟等纹饰在设计上更加形象化、生活化，反映出当时金银手工艺品世俗化的特点。饰品质地以银鎏金为多，在制作中运用了细金工艺中的锤揲、錾刻、花丝、焊接等工艺。在花头的制作上，先将多次退火的银料经过多次锻打开片，在银片表面绘制图案后，再运用錾刻工艺中的勾、串、抬等技法，一层一层踩落出花头的落差，形成饱满的花头，反映出宋代工匠精湛的技艺水平。

延恩寺杨栋墓出土了象征身份等级的金腰带，包括方形、长方形等带銙 13 件，以及金带扣、金鱼袋等 10 件。根据《宋史·舆服志》《宋史·职官志》记载，宋代只有四品以上的官员才可以佩戴金腰带，南宋时期对金腰带的花纹有明确的规定。杨栋为正二品，按照规定，其金带应是毬路纹。这对研究宋代官制、舆服等有着非常重要的意义。

二、生活器具

延恩寺杨栋墓出土一组银酒具，包括莲瓣纹执壶一件、长方形银盘一件、浅盘高脚银盏三只、莲瓣纹银托三只，皆胎体纤薄，形体小巧，清新雅致，富有生活情趣。杨栋墓同时还出土了一组文房用具，放置在一个方形贴金漆木盒内，包括梅花形金盏、鹿钮银盒等。

三、佛教用品

真如寺塔地宫遗址中出土的崇宁三年（1104）连底座群组银佛中间为观音，其余六尊佛像呈弧状环列，俱结跏趺坐于莲花座上，高度 7.2—10.5 厘

米。佛像原置于一长方形铜盒内，盒子底板原衬有银片，残蚀严重，其上所刻之文字亦多残损，然"崇宁甲申记"五字依然可辨。佛像连底座的制作程序非常复杂，首先对所用银料进行反复退火开片，再运用制胎工艺中的搂打、墩闪技法制成胎体，后灌錾花胶，用踩錾踩光踩形。底座上的莲花瓣运用錾刻工艺中的串踩技法，后拔银管将底座和莲花串联在一起。佛像的制作，是将银料多次退火开片，运用錾刻工艺中的抬踩技法，串抬出佛像的身体高度，凹面填充錾花胶，用勾、踩、落技法对佛像表面进行细刻，佛头亦运用同样的技法制作。佛像背光的制作是将扁丝掐成背光形状，后运用焊接工艺将其焊接在莲座上。同时出土的供养物金耳坠似麦穗状，饰锤揲向日葵形小花朵，柄圆而细，明净光亮，颇为精致。

临海市博物馆藏宋代金银器以其精湛的技艺和丰富优美的造型、纹饰折射出宋代临海地区商品经济快速发展、社会文化繁荣兴盛的状况，是传承宋韵文化、弘扬宋韵精神的重要物质资料。

---

[1]（元）脱脱等：《宋史·舆服志》卷一五三，北京：中华书局，1977 年，第 3577 页。

[2]（宋）孟元老：《东京梦华录》卷四，《景印文渊阁四库全书》，台北：台湾商务印书馆，1984 年，第 589 册第 143 页。

连底座群组银佛像

北宋崇宁三年（1104）

长 33.3 厘米，宽 19.8 厘米，高 10.6 厘米

2002 年 12 月 13 日小芝镇中心校（真如寺塔地宫遗址）出土

　　佛像出土时置于长方形铜盒内，铜盒转角与底、壁的交接缝有焊疤，似系焊接而成。其外为长方形有盖石匣，匣身用一块石头打造而成。七尊佛菩萨像呈弧形列置于铜底板之上，皆结跏趺坐于莲花座上，两侧有五代吴越国时期的铜佛像及金刚力士像。底板原衬有银片，残蚀严重，其上所刻文字亦多残损，唯末尾"崇宁甲申记"五字清晰可辨。

铜佛像

五代吴越国
高 9.6 厘米，宽 5.5 厘米
2002 年 12 月 13 日小芝镇中心校（真如寺塔地官遗址）出土

金刚力士像

五代吴越国

高 9.0 厘米，宽 4.3 厘米

2002 年 12 月 13 日小芝镇中心校（真如寺塔地宫遗址）出土

水晶珠

北宋

直径 2.4 厘米

2002 年 12 月 13 日小芝镇中心校（真如寺塔地宫遗址）出土

　　2002 年 12 月小芝真如寺塔地宫除出土北宋崇宁三年（1104）连底座群组银佛像外，还出土了水晶珠、玉珠、象牙镯、金耳坠等世俗物品，反映了宋代佛教发展的平民化、世俗化特征。

珠形玉扣

北宋

长 2.7 厘米，宽 2.7 厘米，高 2.0 厘米

2002 年 12 月 13 日小芝镇中心校（真如寺塔地宫遗址）出土

象牙镯

北宋

直径 9.5 厘米，厚 0.5 厘米

2002 年 12 月 13 日小芝镇中心校（真如寺塔地宫遗址）出土

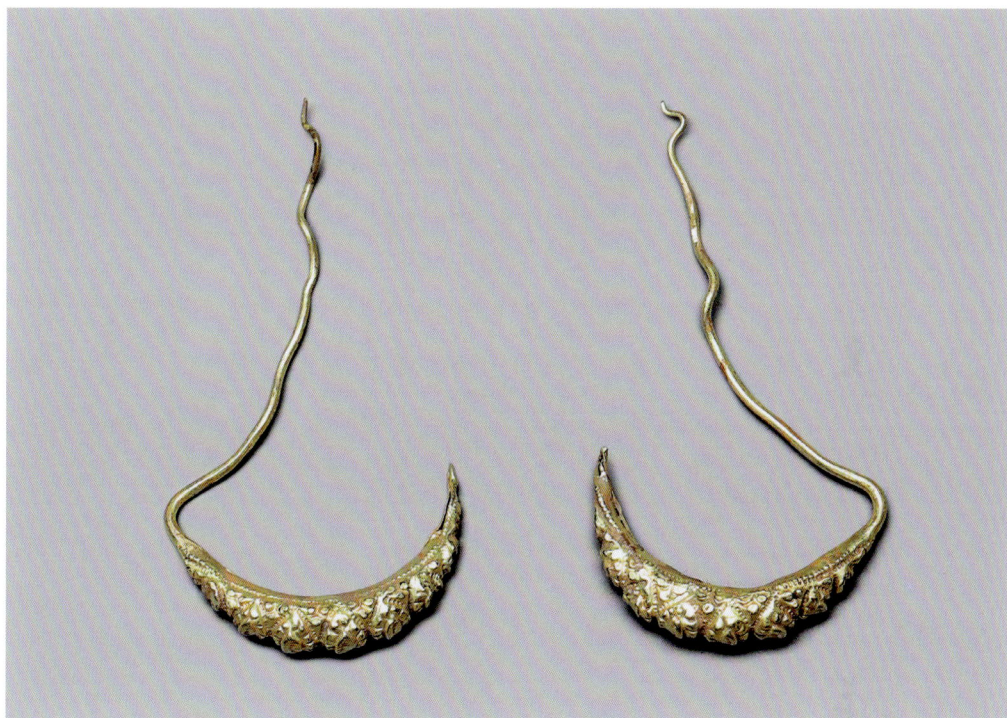

錾花金耳坠

北宋

长 5.5 厘米，宽 2.9 厘米，厚 0.6 厘米

2002 年 12 月 13 日小芝镇中心校（真如寺塔地宫遗址）出土

银鎏金花头桥梁钗

宋代

长 18.0 厘米，宽 14.0 厘米

1984 年临海花园（今尤溪镇）出土

银鎏金花头桥梁簪

宋代

长 18.0 厘米，宽 14.0 厘米（大）

长 12.0 厘米，宽 6.1 厘米（小）

1984 年临海花园（今尤溪镇）出土

银鎏金镂空花筒簪

宋代

长 12.3—17.2 厘米，宽 3.3—5.5 厘米

1984 年临海花园（今尤溪镇）出土

银钳镯

宋代

直径 10.0 厘米，宽 2.9 厘米，厚 0.14 厘米（上）

直径 8.3 厘米，宽 2.8 厘米，厚 0.15 厘米（下）

1984 年临海花园（今尤溪镇）出土

银鎏金花簪

宋代

长 19.0—21.0 厘米，宽 2.1—2.3 厘米

1984 年临海花园（今尤溪镇）出土

银耳挖簪

宋代

长 11.2—15.0 厘米，宽 0.6—0.7 厘米

1984 年临海花园（今尤溪镇）出土

银鎏金双瓜并头花簪

宋代

长 14.4 厘米，宽 2.3—2.6 厘米

1984 年临海花园（今尤溪镇）出土

錾佛像金帽饰

宋代

直径 4.0 厘米，厚 0.1 厘米

1979 年原城关陶瓷厂出土

金饰（残）

宋代

长 2.1 厘米，宽 0.6 厘米

1984 年汇溪镇黄泥坦出土

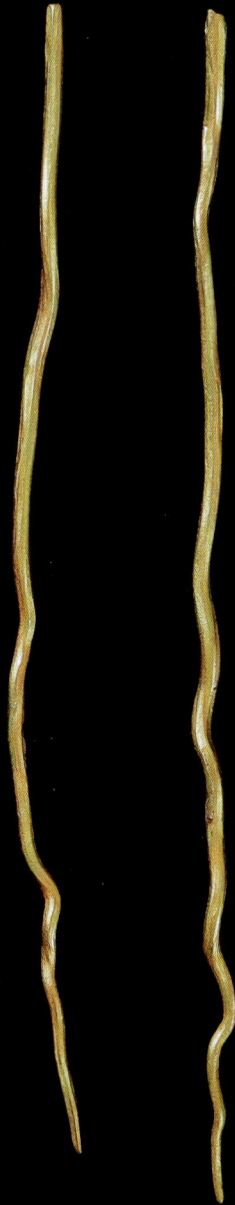

金饰（残）

宋代
（花）长 2.0 厘米，宽 1.3 厘米
（棒）长 5.6 厘米
1991 年 8 月 27 日大田下安泄下村章山头宋墓出土

金质仙人饰件

宋代
高 2.2 厘米，宽 1.2 厘米
2018 年桃渚镇北涧村下街出土（待移交）

银鎏金双鱼佩饰

南宋

长 6.7 厘米，宽 5.4 厘米，厚 0.6 厘米

2007 年 7 月 15 日西郊留贤新堂山南宋墓出土

铁牛

宋代

长 19.0 厘米，宽 8.2 厘米，高 12.9 厘米（左）

长 19.0 厘米，宽 7.6 厘米，高 12.9 厘米（右）

征集

刻铭抄手端砚

北宋

长 26.6 厘米，宽 15.7 厘米，高 7.1 厘米

征集

此砚系端石所制，为典型的宋代抄手砚式样，砚首饰有刘海戏金蟾，右下角有一石眼，砚底挖空成箕形。左侧刻有"元丰二年秋八月"，右侧刻有"道光十年，岁在辛卯四月，得于乡先辈秦华峰中丞旧园中，缺其半，补而藏之，临海张兆桂识"，左下角边沿刻有"西湖僧六舟试墨"。

　　根据砚铭可知，此砚或于元丰二年（1079）制成，至道光十年（1830）张兆桂于秦鸣雷［秦华锋即秦鸣雷，嘉靖二十三年（1544）状元，授翰林院修撰，参修《国史》《会典》。历侍读学士、南京国子监祭酒、太常寺卿、礼部右侍郎、吏部左侍郎兼翰林学士，隆庆五年（1571）任南京礼部尚书］故居中发现，后被六舟和尚试用过。该砚流传有序，简朴大方，刻款清晰，殊为珍贵。

长方形石砚

宋代

长 12.7 厘米，宽 7.7 厘米，高 1.7 厘米

1984 年汇溪镇黄泥坦出土

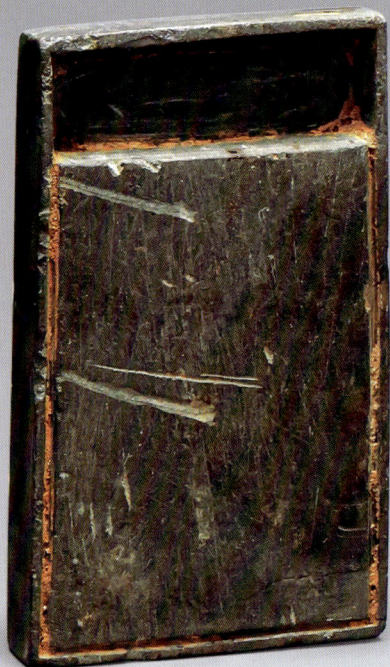

椭圆形石砚

宋代

长 14.5 厘米，宽 8.1 厘米，高 1.5 厘米

征集

椭圆形石砚

宋代

长 12.9 厘米，宽 8.1 厘米，高 1.7 厘米

征集

陆

附录

宋代卷 临海市博物馆藏品大系

LINHAI MUSEUM COLLECTION SERIES
SONG DYNASTY

衮绣南来寄遗珍
——吴越钱氏与台州府城临海

文 / 陈引奭

吴越钱氏是绵延千载的世家望族。

钱氏自唐代末年钱镠起家创立吴越国，历三世五王，共有国72年。北宋太平兴国三年（978），钱弘俶遵循王祖钱镠"善事中原，维护一统"的家训，为避免生灵涂炭，将所部十三州、一军，计八十六县，纳土归宋，促成中华统一。钱姓也成为百家姓中继赵姓之后的大姓。之后千百年间，钱氏名人辈出。

台州为吴越国所辖十三州之一，以其山海之利，备受几代钱王所重。在吴越国72年的时间里，出任台州刺史者，钱姓多达8人，加上钱氏外戚3人，共有11人之多。据《钱氏家乘》记载，钱弘俶卸任台州刺史，回朝后被迎奉为吴越王。纳土归宋后，钱氏后人也屡有在台州任职者。钱弘俶之孙钱暄在熙宁四年（1071）出任台州知州，任上开凿东湖、内迁东城墙以解临海水患，并修葺东湖为公共园林，使之成"一郡游观之胜"。钱暄第九子钱景臻则于熙宁八年（1075）做了宋仁宗十公主庆寿公主（后累封为秦鲁国大长公主）的驸马。

靖康南渡，钱氏随朝廷南迁。驸马钱景臻以忧病之身于靖康元年（1126）去世，葬于镇江丹徒县。为避兵燹，钱景臻之子钱忱、钱愐等于绍兴元年（1131）侍奉公主母亲择寓台州临海。自此，钱氏家族中最受荣宠的一支就定居临海并落地生根。家族中的传家宝器也都带至临海。《钱氏家乘》记载："凡累朝所赠券册、宗器、法物等件，悉以自随。"此中最为重要的就是唐昭宗赐予钱镠的金书铁券，另外还有钱氏锦瓶，金涂塔等。

金书铁券，俗称"免死金牌"。唐乾宁四年（897），为表彰钱镠平定董昌之乱，朝廷颁此铁券，称"恕卿九死，子孙三死"。钱氏将此券奉为至宝，累世珍守。钱氏铁券长52.0厘米，高29.8厘米，厚0.4厘米，形如筒瓦，嵌金为字，共计350字，其中正文333字。千余年间，这件铁券七上天子之庭，两

沉深水，三入深山，满身沧桑斑驳，诉尽世事浮沉变幻。北宋年间，铁券多次为朝廷所征，并屡受题册。南宋时，陆游曾在十二三岁时随祖母到临海拜谒大长公主，见过铁券。德祐二年（1276），元兵南侵攻入临海，钱氏家人携铁券南逃，在今路桥一带翻船落水。56年后为泽库一渔夫所捞，渔夫用斧头斫其右下角，因发现只是一块铁片，将其扔到一边。后为一私塾先生知晓，以一顿酒菜换得。钱氏后人得知后，以十斛谷子换回。明洪武二十四年（1391），钱用勤在建昌知府任上因税粮短缺而被抄家入籍，其子钱怵持铁券入京面圣，朱元璋免了其父死罪。乾隆下江南，在杭州见过铁券后，作铁券歌并制盒赐赠。洪瞻墉曾借铁券勾摹文字，并委托著名的金石僧六舟为其作全形拓，此拓成为六舟所创全形拓的最早版本。著名书法家何绍基在34岁时曾随其父何凌汉来台州视学，也曾在台州试院四照楼（今哲商小学一带）亲手摹拓铁券文字。铁券于1901年在临海大田岭外钱村被盗，之后为嵊县知县徐印士以400银圆购得，嵊县长乐乡钱氏知悉此事后，晓之以理，以原价从徐知县手里重新购回此券。抗战时期，又藏铁券于深井之下。新中国成立初，铁券藏在嵊县长乐乡钱氏宗祠夹墙内，军管会发现后上交至浙江省文管会，1959年为新建成的北京历史博物馆征调，现收藏于中国国家博物馆，并向世人展出。

钱氏锦瓶又称"钱氏大铜瓶""公主铜瓶"，传为宋仁宗第十个女儿庆寿公主嫁于钱景臻的嫁妆。此铜瓶两尊一对，现藏临海市博物馆。其单尊高达84.6厘米，腹径38.5厘米，重21600克，整体环口长颈鼓腹，底足为覆斗状圆形承台。瓶身自上而下，铸有八道纹饰：环口下饰有一圈夔龙纹，颈部两道纹饰，分别为兽面纹与锦地波曲纹；肩部为蝉形锦地纹，一周计13叶，象征皇家之数；上腹部饰锦地波曲纹，下腹部饰夔凤纹；足肩部饰卷草纹，足外

壁有夔纹，夔纹下另有一圈弦纹。锦瓶颈部两侧有龙首象鼻套环双耳，套环阴镂纹理（疑原有错银或嵌宝装饰）。瓶底铸阳文"东涧"二字铭文，这对铜锦瓶其中一尊有多处残损，环口破裂，耳部套环缺失，足部等多处内凹，可以想见其在岁月迁延中所经历的颠沛流离与磕碰撑掷。藏于大田岭外钱村的铁券楼时，人说其夜间也常有呜咽不平之鸣。

金涂塔又称"阿育王塔"，为钱弘俶当年所造，并赐于各地寺宇，其中有 500 尊颁赠日本。据《钱氏家乘》记载，其塔高六寸，重三十五两，铭文刻有"吴越王钱弘俶造八万四千宝塔，乙卯岁记"。

2019 年，大田岭外村钱氏族人钱光辉等又将波曲纹铜三足鬲捐赠给临海市博物馆。此鬲高 27.5 厘米，口径 17.0 厘米。口沿夔纹、鬲身波曲纹饰与大铜瓶基本相同，应为同时所造之器。刚捐来之时，其一足已断，鬲身有直径近 5 厘米的大洞，似为利器所戳，器型整体变形扭曲。经修复整形后，现常出现在陈列展览中。

据项士元先生日记及有关资料记载：1951 年 5 月，与钱王铁券并称为"临海钱氏三宝"的"铜锦瓶"与"金涂塔"，以及"太师钱左相府印记""太师钱左相府之记"两枚钱氏相府印为临海县政府所征集后，由当时的文教科移交文管会统一管理；也是在当年 5 月，临海芝麻园洪氏所藏钱王铁券摹册及铁券拓片等也为项士元先生所征集；1953 年 12 月，金涂塔由临海调拨至浙江省博物馆；1954 年 4 月，钱武肃王遗像一幅为浙江省文管会征调；1957 年 2 月，大田岭外村民将同治八年（1869）徐树铭所制盛放金书铁券的木箱捐献政府……此外，"太师钱左相府之记"一印也于 20 世纪 50 年代为浙江省文管会征调，现藏浙江省博物馆。

2016 年，中国嘉德拍卖过一卷"钱氏二王手泽"，其中最主要的是有钱镠与钱弘俶的两件书翰，后面则附有钱王铁券木刻印本和乾隆所赐铁券歌拓本，卷中还有贾似道与朱熹的题名，据说这是贾似道目前唯一一件存世墨迹。此卷还有宋元明清及民国时期许多名人题跋。据记载，历代官员到台州，观摩铁券往往会列入其行程。钱氏铁券楼所藏历代名人观跋观款盈箱积箧，不可胜数。后来铁券失窃、铁券楼败落，这些题跋渐次散佚。此卷卷首"钱武肃王铁券图式"八字篆书为黄岩喻长霖所题，款署"文六居士属书，丁丑孟陬月，八十一叟喻长霖"，拖尾处民国诸家所题，皆有"文六"上款。屈映光，字文六，临海东塍镇人，早年与秋瑾、徐锡麟等人参加革命，历任浙江民政长、山东省长等，家富收藏。可知此卷书迹当时应为屈映光所得，并重新装帧成卷。

钱家落户台州临海后，屡受恩宠。庆寿公主累封至秦鲁国大长公主；其长子钱忱被封为荣国公，累赠太师、汉国豫公；钱恺被封为秦国公，赠太师、咸宁郡王。

钱忱的儿子钱端礼以荫入仕，于绍兴三年（1133）添差通判台州，累迁知临安府。绍兴三十一年（1161），钱端礼在权户部侍郎兼枢密都承旨任上，创设了史无前例的纸币发行机构"行在会子务"，并发行会子，后官至参知政事兼权知枢密院事。钱端礼博雅好文，曾学东坡之字，临海巾山与北固山都有其题诗。其《留题授上人曲肱斋》云："架屋巾山最上头，曲肱打睡百无忧。云容献状留残雨，海月横陈有去舟。闲里琴书缘好客，向来钟鼓不惊鸥。会将一滴曹溪水，洗尽胸中万斛愁。"钱端礼晚年曾出资建报恩光孝寺（即龙兴寺）僧堂，尤袤为之撰记。上海博物馆所藏宋代著名书画家米芾《潇湘图》，其上有钱端礼四段题跋，其中有诗："画手自高前辈，云山已属吾曹。若会潇湘物色，便当醉读离骚。"虽然《潇湘图》有裁截接补之嫌，但据此诗意，此图当年或为钱端礼所有，是临海钱氏的珍藏。作为世家之后，钱端礼之女嫁与皇长子邓王赵愭，并被册封为广国夫人。乾道元年（1165），赵愭被立为皇太子，钱氏则为太子妃。遗憾的是，乾道三年（1167），赵愭因病去世，终年二十四岁，谥号"庄文"。

钱端礼孙钱象祖也为一时之重臣。据《宋史》记载，他以祖荫补官，历任太府寺主簿丞、刑部郎官、处州、严州、抚州知州，江东运判侍右郎官、枢密院检详、左司郎中权工部侍郎、临安知府、吏部侍郎、工部尚书、兵部尚书、华文阁学士、建康知府，再除兵部尚书。嘉泰四年（1204）四月，自吏部尚书赐出身同知枢密院事。开禧元年（1205），除参知政事兼同知枢密院事。开禧二年（1206）三月，罢参知政事，为资政殿学士。不久贬为信州知州，任上大新学官，置明辉阁以延文士，一时士习为之丕变。继而起复，知绍兴府，以知政殿学士提举万寿观兼侍读。开禧三年（1207）四月，又任参知政事；十一月，兼枢密院事；十二月，授正奉大夫兼国用使，任右丞相兼枢密使。嘉定元年（1208）四月，兼太子少傅；十月，升任左丞相兼枢密使、太子宾客；十二月罢职，以观文殿大学士判福州。后封太子少保、成国公。卒赠太子少师，追封魏国公，谥"忠靖"。归葬台州祖茔。现存世"太师钱左相府印记""太师钱左相府之记"两枚印章也应该是因为钱象祖而留。

或许是钱氏一族所带来的影响与庇佑，南宋时期客居临海或来临海为官的皇亲贵胄、达官显要以及文人墨客比比皆是。陆游、朱敦儒、朱熹、王柏等曾客居此地，谢克家、李光、赵汝愚、尤袤等纷来为官，丞相吕颐浩、范宗尹、王之望、杨栋，太尉曹勋，重臣綦崇礼等人都先后在这里安家落户。谢氏家族也屡出名宦，谢道清成理宗皇后。临海的社会、政治、经济、文化等各方面的影响力与日俱增，成就其"东南邹鲁、辅郡名邦"之美誉。

临海巾山西塔发现的北宋佛教文物

文／滕雪慧

　　巾山西塔位于浙江省临海市城内巾山之巅，为市级文物保护单位。因年久失修，塔身明显倾斜，塔体严重开裂，于1989年10月落架大修，发现了一批北宋文物。巾山西塔为六面五层楼阁式建筑，始建于北宋前期，塔层平面尚保留宋式砖木结构的木角梁插孔。塔身每层平面中心设有放置佛像和供养品的天宫，形状有长方形（深约60厘米，长55厘米，宽约50厘米）、圆形（深约60厘米，径约50厘米）、六角形（深约60厘米，径约50厘米）。临海巾山西塔中的宋代文物大多出土于上面两层天宫，由于该塔历经多次重修，文物已被扰乱。这批宋代文物除"大中祥符"纪年砖元年（见P154图）、刻划鸱吻纹砖（见P153图）及铜钱外，主要包括陶质造像、佛像砖和佛塔等，具体情况如下：

　　1. 陶制佛像，能辨认的5尊，多有残断。内有浅灰色胎佛像2尊，造型基本一致，其中1尊通高23.7厘米，宽18.5厘米，厚5.0厘米，局部存留少量红色彩绘，高肉髻，上有髻珠，椭圆形脸面丰润饱满，眉目端庄，鼻梁高挺，长耳垂肩，着通肩式佛衣，结跏趺坐于莲台上，双手相叠置于腿上，拇指、食指指尖屈合作上品上生印（见P144图）。另一尊头部残断，仅存佛身，佛衣上的红白彩绘较为明显。通高16.5厘米，宽19.5厘米，厚5.5厘米（见P145左下图）。灰黑色胎佛像1尊，通高23.0厘米，宽18.3厘米，厚5.5厘米，整体造型与灰白色胎佛像大致相同，面部及佛身残留清晰的红白彩绘（见P142图）。深灰色胎小型佛像2尊，其中1尊通高9.0厘米，宽8.0厘米，厚4.8厘米，左半身及底座局部残缺，高肉髻，上有髻珠，脸面方圆，眉眼低垂，面部五官刻划平缓，着通肩式佛衣，结跏趺坐于莲台上，隐约可见红白彩绘（见P143图）。另1尊头及背部残损严重，着通肩式佛衣，结跏趺坐于莲台上，手作上品上生印，通高9.5厘米，宽

6.5厘米，厚3.0厘米（见P147下图）。

　　2. 观音菩萨头像1尊，通高10.0厘米，宽3.5厘米，厚1.1厘米。发现时已残损，无法完整拼合。菩萨脸部圆润丰满，眉眼低垂，鼻梁高耸，嘴唇微闭。头挽高髻，髻顶饰1尊化佛（见P147上图）。

　　3. 天王像1尊，通高18.0厘米，宽17.5厘米，厚3.0厘米。头部残断，身着甲胄，肩覆披巾，绕臂下垂至腹部，右手持宝剑，左手置膝上，结跏趺坐于莲台上。从形象判断，应是佛教所说护法诸天中欲界四大天王中的东方持国天王（见P145右下图）。

　　4. 童子像2尊，头部特征相同。其中1尊残存头部、手臂和胸部，光头，圆脸，短耳，杏仁眼，右眼瞳仁有圆孔，高颧骨，唇微开含笑，神情生动自然，表面有明显的红白彩绘（见P145上图）。另1尊仅存头部，光头，圆脸，短耳，唇开含笑（见P146图）。

　　5. 佛像砖2块。其中1块长8.8厘米，宽7.5厘米，砖上佛像、铭文系模印而成。佛像阳线隆起，通身葫芦形背光，由头光与身光组合而成，结跏趺坐于莲座上，螺发，高肉髻，上有明显的髻珠，眉间设白毫，耳垂长至下颌，下颌宽圆，嘴角微翘，面露微笑。着袒右肩佛衣，衣褶左肩下垂，双手于胸前作转法轮印。佛像下方有长方形铭文框，内印"弟子徐太造此永充供养"10字（见P140图）。另一块佛像砖略扁，上端圆角，高10.5厘米，宽7.6厘米，佛像造型与前1块基本相似，五官线条更为清晰，神情意态大体相同。（见P141图）

　　6. 陶制佛塔，2座能复原。出土时坍塌散落在天宫内，构件上没有黏合痕迹。如果仅是简单拼合，佛塔极易倒塌，推测当时可能在塔心中空处竖有立杆作为连接、固定各部分之用。均作六面五层楼阁式，由塔基、塔身及塔刹组成。其中1座高41.0厘米，底径15.8厘米，塔基六面覆斗状，三层刻饰，最下

层底座雕刻须弥山，中间为海水纹，波涛汹涌，上方饰莲瓣纹。塔身中空，模仿木构建筑形式，由空筒式塔壁及塔檐组成。塔壁每面设壶门，内贴饰佛像。面与面交接的棱角突出，柱、额、斗栱等仿木结构省简省。塔檐角梁挑起，檐子起翘幅度大，檐椽下戳有小孔，象征简瓦。最上层塔檐角梁顶端有悬挂塔铃的小孔。塔刹由覆钵、刹杆（空心小圆柱拼合）、三重相轮（圆形陶饼）、宝盖以及刻饰圆形几何纹的尖顶拼合而成。整座塔上下收分，飞檐翘角，玲珑瘦削，轻盈秀丽，富有韵律。（见P148图）另一座陶塔高39.2厘米、底径13.0厘米，塔基刻饰宝山海水纹样，塔身由塔壁及塔檐拼合，每面壶门内贴饰佛像。塔刹亦由覆钵、刹杆、相轮、宝盖以及刻饰圆形几何纹的尖顶拼合而成。该陶塔与前座陶塔不同之处在于，塔体陶胎较厚，六边角梁不起翘，檐子较平，整体风格平和厚重。（见P149图）这种源于佛教"九山八海"的纹样，五代吴越国后期的佛教建筑中已被普遍采用，经考古发掘的杭州雷峰塔底层石砌须弥座，以及杭州闸口白塔、灵隐寺双石塔、梵天寺经幢、灵隐寺双经幢的基座，均雕刻这种山海纹样。

临海巾山西塔发现的两座陶塔，模仿了吴越国钱俶时期寺院出现、宋代盛行的六面七层楼阁式佛塔形制、结构。1982年宁波天封塔地宫出土的绍兴十四年（1144）刻铭银塔（通高28.0厘米）与上述两座陶塔大体相近。宋代寺院砖木合构大塔中供养的佛塔模型，材质多样，如瑞安慧光塔（庆历三年，1043年完工）发现的北宋银塔，方形楼阁式，七层，由基座、塔身、塔刹三部分组成，通高35.0厘米；龙游湖镇舍利砖塔，为六面七层砖木结构楼阁式塔，北宋嘉祐三年（1058）建成，塔内发现"甲午岁"刻铭铜方塔1座，通高35.0厘米，应是北宋至和元年甲午岁（1054）在吴越国铸造的铜塔上补刻铭文

再次舍入塔内的。宋代陶制佛塔模型却非常少见，巾山西塔发现的这种小型中空陶制佛塔，为宋代佛塔增添了新的类型。

据两浙立国的吴越国地方政权（896—978）极度崇信佛教。吴越国时期佛塔内多放置佛教造像，其中金铜造像数量较多。如五代末北宋初年，吴越国王钱弘俶"奉空王之大教，尊阿育之灵踪"，效仿古代印度阿育王，用铜、铁各铸八万四千阿育王塔，塔内瘗藏象征"如来全身舍利"的《宝箧印经》刻经，禳祸祈福、镇护国家，布散在吴越国境内诸州，这是中国佛教史上很著名的事件。吴越国民间造像亦见泥塑、石雕像，如平阳宝胜寺塔发现的砖雕泥塑佛像、黄岩灵石寺塔发现的石雕像和泥塑像。自北宋太平兴国三年（978）吴越国王钱弘俶纳土归宋后，东南佛教王臣外护的环境改变，北宋铜禁法令森严，吴越国故境金铜造像的铸造停止了，不过，民间建寺造像依旧，只是塔内供养的造像变为石雕、漆木、彩塑、陶瓷等，临海巾山西塔发现的众多陶质佛教造像、塔模，正是反映北宋时期民众佛教供养内容的重要例证。

台州临海涌泉延恩寺杨栋墓

文 / 刘倩

墓葬位于浙江省临海市涌泉镇外岙村延恩寺后山，地处太平山头以北、026 乡道以西，中心地理坐标为东经 121° 32′ 83″，北纬 28° 77′ 78″，海拔高度约为 54.82（±2.5）米。2022 年 8 月至 9 月，浙江省文物考古研究所对该墓进行了抢救性考古发掘工作，经踏查，未发现地表茔园建筑迹象，实际发掘面积近 20 平方米。墓葬为双室砖石墓，分东西两室，东室推测建成后未利用，西室出土玉璧、金银器、青铜刀、漆木器等随葬品。根据出土墓志确认墓主为南宋理宗朝参知政事杨栋。

墓葬为石椁石顶板墓，东西双室间以砖构连接，西室外南侧以砖围砌以存放墓志。墓圹长约 4.2 米，宽约 3.8 米，深约 1.5 米，椁室位于圹内中北部区域。东西椁室结构相同，均为由 6 块上下一体的石块榫卯拼接而成，椁顶南北拼合 3 块石盖板，以形成长约 2.6 米、宽约 0.92 米的内室。椁室内底部铺设约 10 厘米厚的碳土以防潮，其上东西横向错置 55 块铺底砖。两室间无规律叠砌约 21 层衔接砖。西椁室外南侧沿墓志外围砌约 17 层包砖。西室内椁四壁由下至上涂填厚约 4 厘米、高约 40 厘米的白膏泥。

西椁室内发现漆木棺底、侧、顶部腐朽痕迹，长时间受挤压及水土运动致使棺木朽痕范围缩小，结合四周棺钉发现位置大致推定原木棺长约 2.4 米，宽约 0.8 米，高约 0.5 米。棺内人骨朽尽，仅东南区域发现一段碎骨，人骨具体部位已难以推定，葬式及性别也难以辨别。器物整体堆放于棺内中北部区域，目前可编号的有 45 件（组）。

器物根据叠压打破关系可分为四组（件、套）：中部玉璧一件、中北部银酒具一套、西北部金腰带一组、东北部文房用具（金、银、铜、铁、漆木器）一组。东北部文房用具一组，最早放入，方形贴金

金腰带饰

金带銙（方）

金鱼袋

金带銙（圆）

漆木盒内置梅花形金盏、鹿钮银盒、漆木鞘铜削刀、圆角方形铁研、长舌状金挑等器，后期实验室清理过程中，铁研下发现墨字纸张。漆木盒整体东北部上置铜镜盒及铜镜。中部银酒具一组，次放入莲瓣纹执壶、宽把银提梁一组，另配置长方形银盘1件、浅盘高脚银盏3只、莲瓣纹银托3只。西北部金器一组，再放入应为金腰带构件。发现东西两列上下叠摞方形、长方形等带銙13件，以及无明显存放规律的带扣、鱼袋约1组10件。中部玉璧一件，应为腰部悬玉。另器物整体北部区域上层发现铁条1组，疑冠冕类遗物。西室椁外发现石墓志一合，长约1.4米，宽约0.83米，厚约0.11米，志盖篆刻"宋少保观文殿学士杨公圹志"，志身楷书阴刻志文1580字，据此可知墓主身份为宋季重臣杨栋。

杨栋官至参知政事，与权相贾似道关系密切，政治地位重要。曾任上蔡书院山主，理学地位卓然。出土随葬品种类丰富，保存较好，判断其当为实用器，在历史、科学、艺术等方面具有较高的研究和利用价值。目前墓葬本体已临时性回填，工作进入文物保护修复和后期整理阶段。据墓志记载，寺院为杨栋功德坟寺，墓葬周边虽经过踏查未发现其他相关现象，但该区域历史底蕴深厚，后续可进一步对周边区域开展考古调查工作。

后记

临海市博物馆藏品大系

宋代卷

LINHAI MUSEUM COLLECTION SERIES
SONG DYNASTY

宋代，是临海历史上最辉煌的时期，政治地位显著，物阜民丰，文化繁荣。近年来临海宋代文物的保护修复以及考古发掘取得了新进展。钱氏波曲纹青铜鬲、夔龙纹贯耳瓶等重要宋代铜器文物得到保护修复，尤其70余枚宋代铜镜经过保护修复，原有纹饰得以清晰呈现，大大丰富了历史信息；梅浦窑瓷器的修复也使得临海的秘色青瓷得以展现风采。同时，在宋代考古上也有一定进展，南宋参知政事杨栋墓的考古发掘展示了宋代上层社会风貌。这些资料大大丰富了临海宋代文物内涵，对于研究临海乃至浙江、全国的宋代历史都具有重要意义，有编辑出版之价值。此为本书缘起。

　　临海市博物馆人员较少，没有研究宋代文物的专业学者。在本书的编写过程中，有关文物年代的判断、文物名称的确定等皆有赖于多位专家的指导。在此，特别感谢浙江省文物局郑建华先生、浙江省文物鉴定站王牧先生、浙江省文物考古研究所谢西营先生，浙江省博物馆蔡乃武先生、黎毓馨先生、石超先生、蔡小辉先生、李小萍先生给予的指导！本书每章节前的概述文章及部分附录文章为本馆从业人员所撰，鉴于水平有限，难免有错漏不足之处，敬请专家学者不吝赐教，提出宝贵意见。

编者

2023 年 1 月

图书在版编目（CIP）数据

临海市博物馆藏品大系．宋代卷 / 临海市博物馆编
著．－－杭州：西泠印社出版社，2023.3
ISBN 978-7-5508-3979-3

Ⅰ．①临… Ⅱ．①临… Ⅲ．①博物馆－藏品－介绍－
临海－宋代 Ⅳ．① G269.275.53

中国版本图书馆 CIP 数据核字（2022）第 258071 号

临海市博物馆藏品大系——宋代卷

临海市博物馆　编著

责任编辑	陶铁其　王　禾
责任出版	冯斌强
责任校对	曹　卓
出版发行	西泠印社出版社

（杭州市西湖文化广场32号5楼　邮政编码：310014）

电　话	0571-87240395
经　销	全国新华书店
印　刷	杭州现代彩色印刷有限公司
制　作	杭州乾嘉文化艺术有限公司
开　本	710mm×1000mm　1/16
字　数	200千
印　张	16.5
印　数	0001—1000
书　号	ISBN 978-7-5508-3979-3
版　次	2023年3月第1版　第1次印刷
定　价	168.00元